xin dazhong zhexue

新大众哲学 · 6 · 价值论篇

人的精神家园

王伟光　主编

人民出版社
中国社会科学出版社

责任编辑：任　哲　仲　欣
封面设计：石笑梦
版式设计：汪　莹

图书在版编目（CIP）数据

人的精神家园 / 王伟光　主编 .
–北京：人民出版社：中国社会科学出版社，2014.9（2021.11 重印）
（新大众哲学）

ISBN 978 – 7 – 01 – 013845 – 9

I. ①人…　II. ① 王…　III. ① 马克思主义哲学 – 研究　IV. ① B0–0

中国版本图书馆 CIP 数据核字（2014）第 191609 号

人的精神家园
REN DE JINGSHEN JIAYUAN

王伟光　主编

人民出版社
中国社会科学出版社 出版发行

北京汇林印务有限公司印刷　新华书店经销

2014 年 9 月第 1 版　2021 年 11 月北京第 8 次印刷
开本：880 毫米 × 1230 毫米 1/32　印张：5.875
字数：100 千字

ISBN 978 – 7 – 01 – 013845 – 9　定价：15.00 元

邮购地址 100706　北京市东城区隆福寺街 99 号
人民东方图书销售中心　电话（010）65250042　65289539

目录

新大众哲学

前言

20世纪30年代，著名马克思主义哲学家艾思奇（1910—1966年）写过一部脍炙人口的《大众哲学》（最初书名为《哲学讲话》）。该书紧扣时代脉搏，密切联系中国实际，将马克思主义哲学的基本道理以生动活泼的形式，深入浅出的笔法，贴近大众的语言，通俗而生动地表达出来了。《大众哲学》像一盏明灯，启蒙了成千上万的人们走上中国共产党领导的革命道路。

光阴如梭，《大众哲学》问世迄今已逾八十年。八十年在人类历史上只是短暂的一瞬，但生活在这个时代的人们却经历着沧桑巨变！人们能够真切地感受到，科学技术发展一日千里，全球化、信息化浪潮汹涌澎湃，工人阶级和社会主义运动势不可当，当代资本主义内在矛盾激化演变，中国特色社会主义实践日新月异，人们的生活“每天都是新的”。历史时代和社会实践的显著变化，呼唤新的哲学思考。以当年“大众哲学”的方式对现实作出世界观方法论的解答，写出适应时代的“新大众哲学”，既是艾思奇生前未竟的夙愿，更是实践的新需要、人民的新期待、党和国家的新要求。

今天编写《新大众哲学》，要力图准确判断和反映时代的新变化，进行新的哲学的分析。纵观人类历史发展的总体进程，我们的时代是资本主义逐步走向灭亡、社会主义逐步走向胜利的历史时代。尽管马克思主义经典作家早就敲响了资本主义的丧钟，但旧制度的寿终正寝却是一个漫长的历史过程。试看当今世界，通过工人阶级和劳动大众的持续抗争，资本主义不再那么明火执仗、赤裸裸地掠夺，而是进行生产关系与上层建筑体制的局部调整，运用“巧实力”或金融手段实施统治。资本主义不仅没有马上“死亡”，反而表现出一定的活力，然而其不可克服的内在矛盾导致的衰退趋势却是不可逆转的；苏东剧变之后，尽管国际共产主义运动陷入低潮，但社会主义中国则以改革开放为主旋律蓬勃兴起，中国特色社会主义的成功开拓，推动共产主义运动始出低谷。资本主义与社会主义的竞争、较量、博弈正以一种新的形式全面展开。时代的阶段主题由“战争与革命”转向“和平与发展”，但马克思主义经典作家所揭示的整个时代的基本矛盾并没有改变，人类历史的新的社会形态终将代替旧的社会形态的历史总趋势并没有改变，引领时代潮流的时代精神——马克思主义世界观方法论并没有过时。马克思主义哲学是社会实践的理性概括。作为科学社会主义理论基础的马克思主义哲学，需要重新审视资本主义和社会主义及其关系，给大众提供认识社会历史进程和人类前途命运的新视野。《新大众哲学》要准确把握时代变化的实质，引领大众进行新的哲学认知。

编写《新大众哲学》，要力图科学思考和回答科技创新和生产力发展的新问题，赋予新的哲学的概括。科学技术已经成为“第一生产力”，全面、深刻地塑造着整个世界。全球化、信息化、市场化，高新科技的发展和应用，令世界的面貌日新月异。现代资本主义几十年所创造的生产力，远远超过了资本主义几百年、甚至人类社会成千上万年生产力的总和。社会主义中国在与资本主义的竞争中，正在实现赶超式发展。尽管马克思曾经提出“科学技术是生产力”“世界历史理论”等一系列重要思想，但当今的科技创新和生产力发展，包括全球化、信息化、市场化对经济、政治、文化、社会的全方位渗透影响，仍然提出大量有待回答的哲学之问。马克思主义哲学是人类社会生产实践和科学研究实践的思想结晶，需要对社会生产实践和科学发展实践提出的问题给予哲学的新解答。《新大众哲学》要科学总结高新技术和生产力发展提出的新问题，提供从总体上把握问题、解决问题的哲学智慧，进行新的哲学解读。

编写《新大众哲学》，要力图深刻总结中国特色社会主义伟大实践中涌现出的新经验，作出新的哲学的概括。中国特色社会主义是当代中国共产党人从事的一项“全新的事业”。改革已经引起了中国社会的深刻变革、社会结构的深刻变动、利益关系和思想观念的深刻变化，一方面推进了经济社会的飞跃发展，另一方面又带来了新的社会矛盾。马克思主义哲学理应正视人民大众利益需求的重大变化，探索满足人民日益增长的物质和文化需要的有效途径，研究妥善处理复杂的利益矛盾、建设富强民主文明和谐的社会主义现代化国家的正确道路。《新大众哲学》在回答重大现实问题的过程中，要对中国道路、中国模式、中国奇迹、中国特色社会主义新鲜经验予以世界观方法论层面的哲学阐释。

编写《新大众哲学》，还要力图回应当代国内外流行的各种哲学社会思潮，给予新的哲学的评判。哲学的发展离不开现成的思想成果，马克思主义哲学是在批判地继承人类一切优秀成果的基础上发展起来的，是在批判非马克思主义、反马克思主义思潮的思想交锋中发展起来的。人们在错综复杂的社会思潮冲击下，常常感到迷惘、困惑，辨不清是非，找不到理想的追求和前行的方向。在这场“思想的盛宴”中，如何“尊重差异，包容多样”，让一切有益于中国特色社会主义建设的思想文化充分涌流；同时，批判错误的哲学思潮，弘扬正确的哲学观，凝聚社会共识，让主流意识形态占领阵地，是马克思主义哲学不容回避的历史任务。《新大众哲学》要在批判一切错误思想、吸取先进思想文明的基础上，担当起升华、创新马克思主义哲学的历史使命。

时代和时代性问题的变化，现实实践斗争的发展，既为马克思主义哲学提供了新的源泉，又不断地对其本身的发展提出急迫的需求。对于急剧变化和诸多问题，马克思主义哲学经典作家没有亲身面对过，更没有专门深入阐述过。任何思想家都不可能超越他们生活的时代，宣布超时代的结论。列宁说：“我们并不苛求马克思或马克思主义者知道走向社会主义的道路上的一切具体情况。这是痴想。我们只知道这条道路的方向，我们只知道引导走这条道路的是什么样的阶级力量；至于在实践中具体如何走，那只能在千百万人开始行动以后由千百万人的经验来表明。”[1] 但历史并不会因为理论的发展、理论的待建而停下自己的脚步。现实对马克思主义哲学创新充满期待，人们期待得到马克思主义创新的哲学观念的指导。

《新大众哲学》正是基于高度的使命感和理论自觉，努力高扬党的思想路线的旗帜，坚持解放思想、实事求是、与时俱进、求真务实，顺应时代潮流，深入思考和回答时代挑战与大众困惑。《新大众哲学》既不是哲学教科书，刻意追求体系的严密，也不是哲学专著，执着追求逻辑论证与理性推理；而是针对重大现实，以问题为中心，密切关注时代变化和形势发展，注重吸收人类思想新成果，进行哲学提升、理念创新，不拘泥于哲学体系的框架，以讲清哲学真理为准绳。在表达方式上，《新大众哲学》避免纯粹的抽象思辨和教科书式的照本宣科，以通俗化的群众语言来阐述，力求通俗易懂、生动活泼，贴近广大读者的新要求，让马克思主义哲学"讲中国老百姓的话"。

《新大众哲学》立足马克思主义哲学的本真精神，从总论、唯物论、辩证法、认识论、历史观、价值观、人生观七个方面围绕时代问题展开哲学诠释，力求将重大理论与现实问题提升到马克思主义哲学世界观方法论的高度加以分析与阐明，在回答重大理论与现实问题的进程中，力争推进马克思主义哲学的时代化、中国化和大众化。这是历史赋予马克思主义哲学义不容辞的责任，也是《新大众哲学》应当担当的历史重任和奋力实现的目标。或许，在这个信息爆炸、大众兴趣多样化的时代，这套丛书并不能解决大众所有的疑问和困惑，但《新大众哲学》愿与真诚的读者诸君一起求索，一道前行。

以上所述只是《新大众哲学》追求的写作目的，然而，由于《新大众哲学》作者们的水平能力有限，可能难以达到预期。再者，《新大众哲学》分七部分，且独立成篇，必要的重复在所难免。同时，作者们的文字功底不够扎实，文字上亦有不尽完善的地方。故恳请读者们指教，供《新大众哲学》再版时修订。

注 释

1 《列宁专题文集 论社会主义》，人民出版社2009年版，第399页。

深刻洞悉价值世界的奥秘

——价值论总论

所谓价值，就是在人的实践和认识活动中，人的活动所作用的对象是否满足人的需要的一种关系，或者说，人的活动的对象对于人的生存和发展所具有的意义。

马克思主义哲学不仅是基于自然规律和社会规律的一种真理性学说，也是立足于工人阶级及广大劳动人民的根本利益，以实现全人类的彻底解放和人的自由全面发展为宗旨的价值体系。它要合理地“解释世界”，更要合理地“改变世界”，实现真理性和价值性的实践统一。

在世界正在深刻变化的时代背景下，在中国特色社会主义伟大实践中，学习和掌握马克思主义价值哲学，对于帮助人们树立正确的世界观、人生观和价值观，有效地改造客观世界和主观世界，具有重要的理论和现实意义。

一、究竟什么是价值

——伊索寓言中“好坏”是什么意思

古希腊著名寓言家伊索（Aesop，前 620—前 560 年）

是《伊索寓言》的作者，他曾是一名奴隶。一天，他的主人突发奇想，想为难一下伊索，让他去买“世界上最好的东西”来做酒菜，大宴宾客。聪明的伊索跑到市场上，买回来一堆动物舌头。主人不高兴了，责问他为什么买舌头，伊索振振有词地说：舌头能说出最美的语言和最高的智慧，描绘人世间一切最美好的东西，因而是“世界上最好的东西”。主人听了，不知如何反驳，却又心有不甘，于是再生一计，吩咐伊索去买“世界上最坏的东西”。伊索买回来的仍然是一堆舌头。他的解释同样有道理：长舌翻卷搬弄是非，能将人世间的一切颠倒黑白，能说出最刻薄、最恶毒的话语，因而是“世界上最坏的东西”。结果，虽然奴隶主自恃高贵，自以为聪明，却也无话可说，只能用并不美味的“嚼舌头”来下酒。

这个寓言故事真实与否，无从考证。舌头是否真的要为“好”“坏”负责，也可以搁置不论。我们这里所关注的核心问题是：究竟什么是“好”？什么是“坏”？如何判定事物的“好坏”？

在现实生活中，类似“好坏”之类的概念还有很多很多。如果愿意，我们可以很容易地罗列出一个长长的清单，例如，是非、善恶、美丑、利弊、得失、成败、功过、优劣、高下、祸福、荣辱、尊卑、贵贱、有用与无用、先进与落后、应该与不应该、正当与不正当，等等。而且，语言是可以“活用”的，还有一些概念在特定语境中，也可以表达类似的意思。这类概念有一个总体性的哲学名称——“价值”。

价值并不神秘，它是社会生活中的一种常见的现象。一个人信仰什么，希望什么，赞成什么，喜欢什么；一个人仇恨什么，恐惧什么，反对什么，厌恶什么；一个人做人做事时信奉什么原则，恪守什么规范……都涉及价值，体现着一个人的价值观。

价值与客观存在的事实不同。事实是事物存在的状况和发展规律，具有不以人的意志为转移的客观性；无论是谁观察和检验一定的事实，事实本身是不会改变的。而价值却不一样，不能离开具体的人，不能离开人的社会实践。只有从人的社会实践出发，深入人们现实的价值活动过程，才能正确把握价值现象的本质和规律，才能深刻洞悉价值世界的玄奥和秘密。

什么是价值呢？对于价值，人们应该如何去把握呢？

价值是人的实践和认识活动中常见的现象。人是活动的发动者和实施者，即居于主导地位的“主体”；人的活动所作用的对象，无论是客观事物、精神现象，还是他人或社会群体，都是人的活动的“客体”。人之所以要发动和实施一定的活动，源于人的生存和发展的需要，或者说改造客观世界和主观世界的需要。**所谓价值，就是在人的实践和认识活动中，人的活动所作用的对象是否满足人的需要的一种关系，或者说，人的活动的对象对于人的生存和发展所具有的意义。**用更通俗的话来说，“好坏”，实际上体现了人对某事物（或某人）对于人的生存和发展的效用的评价。对于人的生存和发展有用还是无用，有好用处还是坏用处，这就是人对事物本身（或人本身）对于人的生存和发展的效用的价值评价。一般而言，凡是能够满足人的需要、对于人的生存和发展具有积极意义的，就是**正价值**，即有用或有好用处；反之，则是**负价值**，即无用或有坏用处。

价值可以分为两大类：

一类是事物的价值，即事物作为人的对象对于人的价值。例如，干净的水具有满足人类饮用、灌溉等需要的价值。事物为人所用，人就会对事物的效用产生价值评价问题。**另一类则是人的价值**，即人与人相互作用而形成的价值。例如历史人物在历史上发生的作用，进步的历史人物起进步作用，反动的历史人物则起促退的作用，这就是历史人物的价值。

准确地把握价值的含义，需要抓住两个关键点：

——**价值是离不开对象的**。价值总是一定的对象对于人的价值。对象对于人的作用是形成价值关系的前提和基础。在人们的生活实践中，任何对象，无论是人还是事物，都具有一定的属性或功能。例如，教师可以“传道、授业、解惑”，演员可以娱乐大众，面包可以充饥，净水可以解渴，钢笔可以写字，汽车可以代步，枪弹可以杀人，读书能令人充实，旅游能让人广博，科学知识能转化为生产力……对象的这些属性或功能是它们对人具有价值的必要条件。它们决定着对象是否能够满足人们的需要，以及满足人们哪方面的需要，是正面的满足，还是负面的满足。马克思以物为例指出：“一物之所以是使用价值，因而对人来说是财富的要素，正是由于它本身的属性。如果去掉使葡萄成为葡萄的那些属性，那末它作为葡萄对人的使用价值就消失了。”[1] 正是由于葡萄具有能够满足人们的需要的某种属性或功能，才成为人们生存、生活和发展所需要的对象，才对人们具有这样或那样的意义，具有正面的或负面的价值。例如，如果葡萄不能食用，不包含人体所需要的营养成分，就不可能成为人们喜欢的食品。同样，如果水不具有饮用、灌溉、发电、清洁等功能，就不可能成为生命之源，成为人类赖以生存的重要资源。

——**价值也是离不开人的**。可以说，一切价值都是相对于人而言的。或许会有人跑来争辩说，阳光、空气和水对于植物的价值不是一目了然吗？如果没有阳光、空气和水，植物怎么可能存活、生长？这种反诘看到了事物和事物的相互作用与对象和人的价值之间的相似性，似乎颇有道理。其实，没有人的存在和人的需要，没有阳光、空气、水、植物与人的关系，没有阳光、空气、水、植物对人的生命活动的意义，只能说阳光、空气、水和植物之间存在某种“联系”，又哪里谈得上阳光、空气、水之于植物有人所能认识到的意义或价值呢？可见，即便说阳光、空气、水对于植物有人所能认识到的价值，实质上不过是说，阳光、空气、水通过对植物的作用而对人的生存和发展发生了作用。既然发生了作用，那么就会有人对这种作用产生好效用还是坏效用，即正价值或负价值的评价问题。因此，也可以说，阳光、空气、水对于植物的作用是对于人的生存、发展有价值的。

——**只有联系现实社会中的人，联系人们的劳动实践活动，价值才能得到恰当的理解和说明。**劳动实践既创造了人，同时又是创造价值的真正源泉。正是在人们的生活实践中，一定的对象（人或事物）满足人们的一定需要，帮助人们实现自己的理想、追求，才逐渐形成了对象与人之间丰富复杂的价值关系。比方说，在偏僻没有人烟的野地里长着一大片葡萄，在根本没有人时，或者在没有人看到和吃这些葡萄时，虽然葡萄仍然是那些葡萄，“使葡萄成为葡萄的那些属性”也依然存在，但是，葡萄对于人的意义，或者说葡萄的使用价值，却不可能真正显现出来。只有当人们发现了葡萄，用葡萄充饥，或利用葡萄酿酒时，葡萄才真正满足了人们的需要，从而实现它对于人的营养价值、经济价值，即使用价值。列宁精辟地指出，实践是“事物同人所需要它的那一点的联系的实际确定者”[2]。当然，在人们的生活实践中，对象依据它们是否满足人们的需要，是否有利于人们的生存与发展，所表现出的意义是不尽相同的。人们往往会从自身出发，将一切人或事物区分为好的或坏的，有利的或有害的。所谓“好人”“坏人”“好事”“坏事”“益鸟”“害鸟”“益虫”“害虫”“水利”“水害”，等等，都是相对一定的人及其需要而言的。“好”是对人有好处，“益”是对人有益处，“利”是对人有利；“坏”则是对人不利，“害”则是于人有害。

——更具体地说，价值离不开具体的人的需要、能力等“主体尺度”。“尺度”是一个形象的说法，表达的是“规定性”“标准”等意思。按照马克思的说法，人们的需要就是“他们的本性”，也是人们生活实践中的一种“主体尺度”。只有与一定的需要相联系，对象才可能呈现出一定的价值。马克思曾经指出：“忧心忡忡的、贫穷的人对最美丽的景色都没有什么感觉。”[3]这是因为，忧心忡忡的穷人吃不饱，穿不暖，面临的难题一大堆，烦心的事儿一件接一件。他们的全部注意力都聚焦在生存需要上，整天想着如何多赚一个铜板，如何让父母妻儿吃顿饱饭，根本没有什么审美的需要。因此，即使处在山清水秀、风景宜人的湖光山色中，或者置身于“大漠孤烟直，长河落日圆”的广袤荒漠，他们往往对美丽的风景也“视而不见”，更不会在寒风中瑟瑟发抖、饿着肚子时，潇洒、优雅地览胜抒怀，吟诗作对，附庸风雅。

——**价值还取决于人们自身的发展程度，取决于人的素质与能力的积累和运用。**马克思指出：“对象如何对他来说成为他的对象，这取决于对象的性质以及与之相适应的本质力量的性质……因为我的对象只能是我的一种本质力量的确证。”“从主体方面来看：只有音乐才激起人的音乐感；对于没有音乐感的耳朵来说，最美的音乐也毫无意义……因为任何一个对象对我的意义（它只是对那个与它相适应的感觉来说才有意义）恰好都以我的感觉所及的程度为限。”[4]如果一个人的素质和能力存在缺陷和不足，例如没有一双“有音乐感的耳朵”，那么，就既不可能产生欣赏交响乐之类高雅音乐的需要，也不可能在聆听高雅音乐时产生共鸣，获得一种美的享受。在这种情况下，最美妙的旋律都显得多余，体现不出任何价值。反之，一个人的需要越丰富，素质和能力越强，往往就越能与更广泛、更深入的对象建立价值关系，提升自己的自由全面发展程度。对一个社会来说，理想的境界是实现所谓“人尽其才，物尽其用”，个人与社会都得到自由而全面的发展。

——**在价值问题上，由于人的生存条件不同，因而对对象的主观感受和主观评价也不同。**有这样一个故事，讲的是一个村庄被大水淹了，村庄的财主为了躲避洪水，抱着金子躲在一棵树上，一个穷人拿着干粮也躲在这棵树上。几天过去了，财主饿得实在受不了，就想拿金子换干粮吃，穷人当然不换。可见，从人的现实需求出发，在不同的条件下，对金子与粮食的价值就产生了新的评价，可以说，金子此时已经没有什么价值了。

价值是一个关系范畴，它既离不开对象，也离不开人和人的需要等尺度，离不开人的主观评价。

这里必须特别强调的是，虽然价值离不开对象，但价值却既不是对象本身，也不完全等同于对象固有的性质和功能。有些旧唯物主义者认为，价值就是具有价值的对象，或者对象固有的某种属性。客观唯心主义者把某种“人造”的精神实体客观化，如柏拉图（Plato, 前 427—前 347 年）将“理念世界”、黑格尔（Hegel,1770—1831 年）将“绝对精神”、基督教将“上帝”视为价值之源或价值本身。这些观点是错误的。它们完全撇开了人，不理会人与人之间的差异，以及人自身的变化、发展和人的主观感受，仅仅从对象的角度解释价值。这类观点根本不可能说明：为什么同一对象对于不同的人，或者对于不同时间、条件、状态下的同一个人，会具有不尽相同的价值。例如，面包对于吃饱喝足了的饱汉与饥肠辘辘的穷人，相对论对于“大字不识一箩筐”的科盲与学富五车的理论物理学家，剩余价值学说对于一心逐利的资本家和一无所有的雇佣工人，具有的价值就明显不一样。俗语说，“饱汉不知饿汉饥”“站着说话不腰疼”，就道出了其中的道理。可见，人及人的实践需要才是决定对象是否具有价值、具有什么价值的奥秘之所在。

二、价值世界是丰富多彩的
——说不尽的《红楼梦》的价值

曹雪芹（约1715—1763年）的名著《红楼梦》想必大家都看过，许多人可能还反复读过。但是，恐怕没有人能够说得全《红楼梦》的价值。《红楼梦》可以说是一部记录中国封建社会末期生活的百科全书。不同的人根据自己的生活阅历、社会角色、知识结构、兴趣爱好、利益和需要，可以从中获得关于那个时代的许多信息，并从中得到各种各样的启迪：从政的可以从中发现“官场秘诀”，经商的可以从中找到“发财之路”，小说家可以从中寻找创作的灵感，色情狂可以从中偷窥隐秘性事，园艺家可以从中总结园林艺术，厨师们可以从中发掘“红楼肴馔”，普通百姓可以从中赏析人生百态……甚至，《红楼梦》本身的来龙去脉、创作意图、人物关系、表达技巧、思想实质和人生哲理，早已成为人们探幽索隐、借题发挥、争辩不休的热门话题。由此发展出了一门专门的大学问——“红学”。当然，要对《红楼梦》做出科学、正确的价值评价，需要运用马克思主义的文学评论理论进行评价。按照马克思主义的观点，任何观念形态的东西都是社会实践在人们头脑中的反映。任何文学作品都是作者对该时代社会生活的典型再现，反映了作者对当时社会生活的认识与评价。《红楼梦》真正的文学价值在于作者对中国封建社会末期社会现状的揭露、批评与认识，是人们对中国封建社会末期再认识的艺术缩影。

在现实生活中，由于对象（包括人自身）的存在和属性十分复杂，其发展存在多种多样的可能性；由于人的需要、兴趣和能力各不相同，且复杂多变，因而，对象与人之间的价值关系就如同《红楼梦》一样，是丰富、复杂、多样化的，是需要不断发现和开掘的。人们无论如何不能固守封闭的线性思维，将丰富的价值世界简单化。例如，将人“物化”、异化，将人的价值以“含金量”来衡量，甚至到市场上去粗俗地兑现；或者将《红楼梦》的价值简单化、庸俗化，以为那只是描写了一大群公子小姐的男欢女爱。

由于价值的种类多种多样，可以从不同角度，依据不同标准，对价值的存在形态进行分类。例如，依据对象是事物还是人，可以将价值区分为事物的价值和人的价值。由于人的价值最为重要，也最为复杂，因而人们也最为关心。

关于人的价值，稍后将专门展开讨论。在这里，不妨先来谈谈事物的价值。

所谓事物的价值，就是物质或精神文化现象对于人的意义，满足人的需要的价值。凡物质现象对于人的意义，满足人的需要的价值，可称为物质价值；凡精神文化现象对于人的意义，满足人的需要的价值，则可称为精神价值。

在人们的社会生活中，最常见的事物的价值大致可分为如下几种基本类型：

——第一类是功利价值，即对象满足人的物质性需要，对人的生存和发展有用、有利的价值。例如，满足人们的生理需求、物质享受、经济利益、生态条件等方面需要的价值。它典型地表现为物质方面的需求，如效益、财富，等等，因而人们有时也将其称为物质价值。

由于趋利避害是所有生命的本能，因而功利价值是一种基础性的价值，是产生和实现其他一切价值的前提和基础。人们首先必须从事吃、穿、住等物质资料的生产，然后才能从事政治的、文化的以及其他方面的活动。只有在一定的物质生产基础之上，只有在物质需要得到基本满足之后，才可能产生和满足人们精神层面的需求，才可能逐步改变混沌、愚昧、迷信、落后的状况。否则，“就只会有贫穷、极端贫困的普遍化；而在极端贫困的情况下，必须重新开始争取必需品的斗争，全部陈腐污浊的东西又要死灰复燃”[5]。

物质利益是人们活动的目的的真实内容，也是激励和支配人们活动的真实动机之一。正视人们追逐功利这一客观事实，才能理解社会的经济现象、政治现象。当然，人不是一架功利计算机，仅仅追求功利等物质价值，甚至将其奉为最高价值，如声称“人生价值要以含金量来衡量”，则是片面的、低俗的。如果把一切价值都归结于功利，将功利价值看作人类的全部价值或最高价值，则难免把人等同为动物，贬损人和人的人格、尊严，丧失人之为人的崇高。因此，必须旗帜鲜明地反对急功近利、见利忘义，把物质利益看得高于一切，将个人利益凌驾于集体利益之上的错误价值观。马克思主义主张“革命功利主义”，它坚持个人利益和集体利益相统一，在个人利益和集体利益相冲突时，牺牲个人利益，服从集体利益；坚持始终不渝地为广大人民群众的利益而斗争，通过社会革命，实现人类解放，通过发展经济，实现共同富裕。

——第二类是知识价值，即所谓“真”或求真的价值。真是主观与客观的统一，是人们的认识与客观对象相符合，即正确反映对象的本质和规律性。本来，求真是认识论、真理论的范畴，但是，由于追求、掌握和运用真理是人类生存、发展和完善的基本前提，因此，真对人具有极其重要的、多方面的价值。从这个意义上说，求真也是一种价值。

求真的价值表现在：求真能够使人们认识对象，建构真实的世界图景，满足人们的求知欲；求真能够帮助人们消除对象的神秘感和异己感，摆脱愚昧、无知、迷信和盲从；求真能够改进人们的思维，促进人们提升理性能力，塑造丰富的内心世界；求真能够为人们的行为提供依据和指导，促进人与社会的自由全面发展。

追求真理，为真理而献身，是人类崇高而伟大的信念，也是有志之士坚贞不渝的价值追求。它要求人们实事求是，一切从实际出发，具有敢于面对现实、不懈追求真理的人生态度和精神品质。只有真正的勇士才敢于直面惨淡的人生，才敢于正视淋漓的鲜血，才有勇气立足严酷的现实，创造美好的未来。

——第三类是道德价值，即满足人们的道德需要的善恶的价值。这是人们的行为合乎一定的目的与需要，有利于调节和创造良好的人与自然、人与人、人与自身的关系的价值。

善是与恶相对而言的，是指人类行动的道德意义的价值范畴。善的价值的表现形式丰富多样，如公正、正直、诚实、仁爱、善良、孝道、勇敢、勤勉，等等。古希腊哲学家曾将智慧、公正、勇敢、节制作为人类生活的四种主要美德。中国古代儒家将仁、义、礼、智、信作为封建社会的道德追求。

德国著名哲学家康德（Kant，1724—1804 年）曾经感叹："有两样东西，人们越是经常持久地对之凝神思索，它们就越是使内心充满常新而日增的惊奇和敬畏：我头上的星空和我心中的道德律。"[6] 前者表达了对大自然的深情敬畏，后者则是对道德价值的无上推崇。我国古代哲学家荀子（前 313—前 238 年）说："水火有气而无生，草木有生而无知，禽兽有知而无义。人有气，有生，有知，亦且有义，故最为天下贵也。"[7] 即是说，讲仁义，有道德，是人区别于动物、人之为人的标志性特征。"人之所以异于禽兽者几希"[8]，极端不讲道德的人，历来被认为"形同禽兽"，甚至"禽兽不如"！

——**第四类是审美价值，即满足人们的审美需要的价值**。在审美体验中，人的本质力量在对象中得到了合乎人性的实现或对象化，使人产生愉悦、狂喜、神清气爽、超凡脱俗等审美效果。

美是与丑相对而言的。丑也是一种广义的美。文艺作品中的许多“丑角”，如雨果（Hugo，1802—1885 年）的小说《巴黎圣母院》中的敲钟人卡西莫多，虽然面容丑陋，身体残疾，却有着善良、正直的心灵，被人们公认为“真正的美的化身”。美的魅力在于感染人、陶冶人和塑造人。从旖旎秀丽的自然风光，到蒙娜丽莎神秘迷人的微笑；从改天换地的生产劳动，到气势恢宏的航天探索；从美不胜收的轻歌曼舞，到妙趣横生的相声小品；从门捷列夫（Mendeleev，1834—1907 年）的元素周期表，到曹雪芹的《红楼梦》……当你置身于美的环境之中，发现了事物或人身上蕴藏着的那种美，你的心灵就会受到触动，就会感到由衷的喜悦。有时，还会让你的思想受到熏陶，灵魂得到净化，获得积极向上、振作进步的勇气。

最高境界的美是真与善的高度统一，是“合规律性”与“合目的性”的统一。特别是，当人们战胜了各种困难，超越了自身原有的局限，体现了自己的才能和力量，体现了创造的智慧和激情，就会体验到一种由衷的愉悦感，体会到一种克服局限、“超越自我”的自由。

在以上四类价值中，利是满足人们的物质需要的价值，是实现其他一切价值的前提和基础。真、善、美则是满足人们的精神、心理、文化等需要的价值，有时也称之为精神价值。真、善、美意味着对人格和尊严的肯定，意味着对人自身的进一步提升。物质价值（利）和精神价值（真、善、美）体现了人生奋斗的不同层次，体现了人生奋斗各个方面的目标和理想。

在精神价值中，真、善、美之间也不是孤立、割裂的，而是一个有机的整体。其中，真是最为基础的价值，其本质在于主观符合客观，获得关于事物本性和规律的真知灼见。善是对人们的社会关系的调节，是对人们的行为的激励或约束。美的本质在于合规律性和合目的性的统一。广义的美和善是交融的。美因道德而可以成为更高的善之美，善由于美而可以成为更高的美之善。美与善的融合“必定会对全体造成一种简直是奇迹般的迷人之美”[9]。利、真、善、美体现了人生奋斗的不同层次，体现了人生奋斗各个方面的目标和理想。它们之间相互影响、相互作用，最后统一和升华为一个更高层次的价值，即自由。

最后应该指出的是，事物价值的具体表现形式，具体发展变化，都是丰富、多样化的。例如，存在真实价值与虚假价值、正价值与负价值、高价值与低价值、瞬时价值与永恒价值、潜在价值与现实价值等之分。各种不同种类、不同形式的价值在不同条件下彼此相伴而生，相互交织在一起，并不断地发展变化，从而构成了人类丰富多彩、错综复杂、动态发展的价值世界。

三、个人价值与社会价值的统一
——大学生张华救掏粪老农值不值

1982 年 7 月 11 日，69 岁的掏粪老汉魏志德在掏粪时，被粪池中散发出的刺鼻沼气熏倒，跌入了粪池。24 岁的第四军医大学空军医学系三年级学生张华路过，听到呼救声，毫不犹豫地跳入粪池，救出了老农。可惜的是，年轻的张华却被沼气熏倒在粪池里，从此再没有醒来。

风华正茂的大学生张华因救掏粪老农而牺牲，引发了举国上下一场关于“大学生救掏粪老农值不值”的大讨论。有人认为，一位改革开放以来我国自己培养的、前途无量的大学生与一位掏粪老农对社会的贡献谁大是一目了然的。张华的行为不值得，按现在的说法，实在是“太傻了”。也有人认为，见义勇为的精神是不能用经济价值简单衡量的；生命的价值从来都不在于等价交换，在生命的天平上，难道精英就比老农更重？一个社会、一个民族怎能如此势利？如果以功利原则衡量一切，那么我们是否可以承受其后果？

面对社会舆论的众说纷纭，莫衷一是，需要立足马克思主义价值论的立场，认真地加以反思，作出一个满意的回答。而回答这一问题的关键，在于对人的价值的理解：人的价值也是一种基本的价值形态，既与事物的价值类似，又存在实质性的差异。

所谓人的价值，就是现实的人及其活动对于人自身的价值。人的价值是自我价值和社会价值的统一。

人的价值包含十分丰富复杂的内容，大致可以概括为两个方面，即个人价值或自我价值和社会价值。**个人价值是个体及其活动对于个体自身的价值，是人通过自己的活动满足自身的需要。**例如，一个人通过自己的劳动，充实和愉悦了自己，或使自己得到了完善和提升。**社会价值是个体及其活动对于社会的价值，是人通过自己的活动满足社会的需要。**即是说，一个人要对社会承担一定的义务，有所担当，有所作为，作出一定的贡献。

这里所讲的人的价值同经济学的价值是不一样的概念，它是哲学观、历史观的价值概念。经济学上的价值概念包括使用价值和交换价值两个方面。交换价值是指凝聚在商品中的必要劳动时间，用老百姓的话来说，就是“值钱不值钱”。人的价值是对人活在世界上对社会、对自己有没有用处，有好用处还是坏用处的评价问题。它包括两个方面：**一方面**是人活在世上自己认为自己有没有用处，有好用处还是坏用处，即个人价值；**另一方面**是人活在世上对社会、对他人有没有用处，有好用处还是坏用处，即社会价值。

关于人的价值，不同的立场、不同的世界观和人生观，评价的标准不一样。

立场不同，世界观不同，人生观则不同，从而价值观也不同。用马克思主义世界观和人生观对人的价值进行评价，那么一个人首先应当考虑自己活着对国家、民族、集体、他人有没有用，有没有贡献，这是正确的社会价值观；对社会有价值，才能实现个人的自我价值，人活得才有意义，这是正确的自我价值观。不同的价值观对人的社会价值和个人自我价值取向不同，马克思主义价值观是人的社会价值与个人自我价值相统一的价值取向，是既务实又崇高的价值观。

如果一个人只讲自我价值不讲社会价值，这个人就是极端的利己主义者。中国剥削社会所宣扬的“人为财死，鸟为食亡”“人不为己，天诛地灭”，外国资产阶级所宣扬的“人都是自私的”“自私是人的本质”“人活着只为自己”等，就是极端利己主义价值观，是低俗的价值观。马克思主义主张人的社会价值和自我价值是统一的。一个人活着，首先要考虑到社会价值的实现，只有在实现自身的社会价值的前提下，才能实现人的自我价值。当然，社会也要为每个人尽可能地创造个人价值提供机会，但是必须把个人自我价值的实现引导到社会价值实现的正确价值观上去。

中国文化历来比较强调群体或集体观念，特别重视国家或集体利益，这是必要的，但不能因此不注重个人价值，包括个人的生命价值。“文化大革命”之前一段时间及“文化大革命”期间，有人认为，讲求个人利益，追求自我价值的实现，是狭隘、自私的资产阶级思想，必须予以斗争、批判，“狠斗私字一闪念”。“文化大革命”结束后，随着思想解放和改革开放，人们的个人自我价值意识也开始苏醒。“大学生救掏粪老农到底值得不值得”的争论，正是在这一背景下凸显出来的。

这场讨论的意义已溢出了讨论本身。应该说，正是在张华救老农值不值得的辩论中，当代中国人对个人价值观念重新进行了严肃的审视。它至少让人们意识到，生命是宝贵的，每一个人的生命都只有一次，都不可能“从头再来”，应该尊重和珍惜；每一个生命的价值都是平等的，生命不能分贵贱，不能分三六九等。每一个人的生命都具有独一无二、不可替代的价值，绝不是一个可有可无、可以替代的元素。

毫无疑问，每一个人来到世界上，都需要最大限度地发挥自己的潜能，成就和完善自己，实现自己的个人价值，使自己的人生具有意义。不尊重个体的生命，不承认，甚至贬斥个人价值，是一种反人性的观念，也是一种不人道的做法，绝不是马克思主义的、社会主义的价值观。

当然，我们也不能走向极端，将个人价值绝对化，将它凌驾于集体或社会价值之上。任何人都是社会大家庭的一分子，是组成社会的一个“要素”，是处于社会相互作用之网上的一个“纽结”。任何一个人都离不开他人，离不开社会，离不开集体。一个人只有与社会、他人、集体紧密结合，通过社会性的实践活动，才能有所作为，才能实现自己的个人价值和社会价值。为人民服务，为社会奉献，为人类造福，是每一个人都应该做的事，甚至可以说，是每一个人的社会责任或“分内的事”。

在一个社会大家庭中，在广泛存在着分工和协作的社会条件下，如果人人都在各行各业上尽职尽责，那么就不难理解，为人民服务实际上只不过是做好自己应该做的本职工作，“我为人人，人人为我”，只不过是大家“互相服务”。而“互相服务”也意味着“自我服务”。否则，每一个人都极端自私自利，“拔一毛利天下而不为”[10]，甚至只知索取，绝不奉献，那么，集体难免土崩瓦解，社会秩序难免一片混乱。而陷入无休无止的混乱、纷争和动荡之中，结果将是谁也不可能安宁，谁都得不到好处。集体、社会在这种情形下，甚至根本就不可能继续存在和发展，从而个人的生存和发展也将失去基本的保证，更谈不上发掘每个人的潜能、实现每个人的价值了。到那个时候，就真正是万劫不复的“世界末日”了。

个人价值与社会价值并不绝对对立。

正如马克思、恩格斯所指出的：“个人怎样表现自己的生活，他们自己就是怎样。”[11] 一个人在社会中生活、表现自己，他的个人价值往往也就是他的社会价值，或者说个人与社会相统一的价值。像张思德（1915—1944 年）一样安心平常的工作岗位，全心全意为人民服务；像白求恩（Bethune,1890—1939 年）一样“毫不利己，专门利人”；像雷锋（1940—1962 年）一样“一辈子做好事，不做坏事”；像焦裕禄（1922—1964 年）一样鞠躬尽瘁，为大众造福；像杨善洲（1927—2010 年）一样严于律己，倾力奉献；像袁隆平（1930 年—　）一样勤勉敬业，献身人类最需要的事业……不仅与人们的自我完善、自我实现不相冲突，而且还是人们自我完善、自我实现的根本途径。从这个意义上说，人的社会价值具有更加重要的意义，也更加得到人们的尊重和爱戴。也正因为如此，许多人都认同爱因斯坦（Einstein，1879—1955 年）的名言：“一个人的价值，应该看他贡献什么，而不应当看他取得什么。”[12]

实际上，大学生张华生前已经对后人所争论的问题，包括个人价值与社会价值的关系，进行过深入的思考，并给出了明确的答案。他曾对他的同班同学董希武谈起过舍己救小学生的大学生邵小利。当时社会上有人认为，邵小利用一个大学生的生命去换取一个小学生的生命不符合价值规律。张华对董希武说：“这种计算方法是庸俗的，落后于起码的文明道德。我如果遇到邵小利这样的事，我决不去计算价值，人和动物的区别，就体现在这些地方！”只是万万没有想到，一语成谶，说完这句话之后十几天，张华就用年轻的生命实践了自己的信念。

个人与集体、社会是有机地、不可分割地联系在一起的，个人自我价值与社会价值也是相互联系、交织在一起的。社会价值是通过无数的个人自我价值的追求活动实现的；社会价值的实现又能为个人自我价值的实现创造更好的基础和条件。在社会生活中，每一个人都应该意识到自己的权利、责任和义务，正确处理个人价值与社会价值、索取与贡献等关系，将实现自己的个人价值与社会价值有机统一起来，将自己的自由全面发展和社会的自由全面发展有机统一起来。如果人人都能够这样做，那么个人与社会就必将能得到自由而全面的发展，世界也必将更加和谐，更加美好。

四、具体的价值“因人而异”

——千面观音，随缘自化

观世音菩萨是深受佛教推崇的“神仙”。但观世音菩萨是男身还是女身？他（她）何时会以什么面目出现？他（她）具体负责帮助人们排解哪些方面的困难？为什么观世音菩萨能够有求必应？一般人恐怕很难说得清楚。佛教的解释很有意思：人若修成正果，达到“罗汉”以上的级别，就没有世俗的性别之分了。观世音菩萨之所以有时现男身，有时现女身，是随缘而化的。所谓随缘而化，是指根据所行善事的环境、对象和需要，随时改变自己的形象，从而以最适宜的方式普度众生。这也即是千面观音的来历。

价值就如同千面观音一样，也具有“随缘自化”的特点。在不同的时间、条件、环境下，对于不同的人来说，对象的价值并不是单一、固定、僵死的，而可能呈现出不尽相同、不断变化的价值。当然，任何对象都不是法力无边的菩萨，不可能自己化成价值。这里的“主动权”掌握在人们自己手中——价值的主体是具体的人，必须由人们在具体的生活实践中，认识到对象的价值，或者主动选择、创造一定的价值。

价值具有鲜明的属人性或主体性。

所谓价值的主体性，是指价值本身的特点直接与具体的人相联系，它直接表现和反映着具体的人的目的、利益、需要和能力。价值的主体性可以从不同角度进行刻画，但主要从如下一些方面表现出来：

——价值具有个体性。即同一个对象对于不同人的价值有可能不同，表现出“因人而异”的特点。在历史与现实中，价值主体有不同的层次和类型，有宗教、民族、国家、地区、阶级、阶层、群体等具体区别。同样的对象对于不同的价值主体来说，其价值往往表现出相应的独特内容：同一宗教或民族的价值具有本宗教或民族的特点，同一阶级、阶层的价值具有阶级性，同一地区的价值具有地域特色，等等。这些特性是不可能，也不应该简单抹去的，诸如无产阶级与资产阶级、社会主义与资本主义价值观的根本冲突，难以调和，不能视而不见。

由于每一个人所处的时代不同，所担当的社会角色、所占据的社会地位、其利益与需要、素质与能力也都不同，因而同一个对象对于不同的人的价值有可能不同，有时甚至完全相反。也就是说，价值具有“因人而异”的特点。在现实生活中，我们常常发现这样的情况：对一些人是好的、有益的东西，对另一些人却是坏的、有害的；对一些人是善的、美的东西，对另一些人却未必是善的、美的。例如，缩短劳工的工作时间，增加劳工工资，提高劳工福利，广大劳工肯定会说“好”，由衷地支持和拥护。相反，一心想发财，眼睛盯着成本、利润的老板们，心情则可能完全不同。因为，缩短工作时间意味着每个劳工的产出下降，成本上升；增加劳工工资、提高劳工福利，更是需要多支付真金白银；这都意味着成本增加，利润减少，只要有可能，老板们就会高喊：“亏本了”，“受不了了”，“没法干了”！在存在劳资对立的情况下，特别是在私有制条件下，劳资双方的倾向和观点相左，甚至激烈冲突，是难以避免的。

价值的“因人而异”是十分常见的现象。俗语说，“趣味无争辩”，“一千个观众就有一千个哈姆雷特”。“人上一百，形形色色”，大家的趣味是什么，有什么独特之处，本就不值得非议，更不值得争辩。在不同人眼里，或由不同演员演绎，哈姆雷特的形象和韵味可能大相径庭，不同的人喜爱或者不喜爱哈姆雷特，或者说哈姆雷特对不同的人具有不尽相同的价值，也是很正常的事。在现实生活中，正是因为人们的利益和需要不同，兴趣和爱好不同，素质和能力有差异，价值世界才会如此五光十色，才会如此丰富多彩。

——价值具有多维性。即对于同一个人来说，某一对象对于他的价值可能是多方面的、多层次的。每个人都是活生生的、有血有肉的人，在社会生活中，具有多方面、多层次的利益和需要，而且，同一个人在不同方面的素质和能力不一样，兴趣和爱好不一样，因此，某一对象与同一个人也可以建立起多方面、多层次的价值关系。

就拿一块平平常常的石头来说，只要人们的思维不是“单打一”或“一根筋”，那么不难发现，这块石头可“不简单”。它可能具有多方面的属性和功能，这些属性和功能可能满足人们的某种需要，从而对人具有某种特定的价值。例如，石头不仅可以满足人们建房修路、建桥筑堤、垒床砌灶等需要，实现其众所周知的价值，而且还可以突破常规，实现某些独特的价值：在人们写字作画时作为镇纸，危急时刻作为武器自卫，船只空驶时作为压舱之物，曹冲称象时作为砝码。如果是一块漂亮的石头或者奇石的话，那它的价值就更不得了，除了上述这些方面的价值，它还可能满足人们的艺术审美需要，令人爱不释手，被人小心翼翼地珍藏，或拿到市场上卖个好价钱。

当然，这块石头到底具有哪些价值，不仅取决于石头的模样、材质和功能，而且更取决于人们的需要、兴趣和能力，特别是人们的需要、兴趣和能力发展的状况与程度。人们的需要和兴趣越狭窄，能力越弱，石头的价值可能就越贫乏、单一；人们自身的发展越全面，需要、兴趣的层次越多，能力越强，石头的价值就可能越丰富、多样。这正如马克思所指出的，人的本质力量、包括人的感觉是随着生活实践的发展而不断丰富发展的："只是由于人的本质客观地展开的丰富性，主体的、人的感性的丰富性，如有音乐感的耳朵、能感受形式美的眼睛，总之，那些能成为人的享受的感觉，即确证自己是人的本质力量的感觉，才一部分发展起来，一部分产生出来。"[13] 因此，人们自己越是自由全面发展，人们的需要、兴趣和能力越是自由全面发展，人们就越能感受到世界上价值的多样性，也就更有可能创造出丰富、多样的价值世界。

——**价值具有时效性。即具体的价值关系不是固定不变的，而是随着对象与人自身的变化而不断变化的。**"一切皆流"，万物在变，所有的一切都处在永恒的变化发展过程之中，"太阳每天都是新的"。任何人也是一样，不可能停留在婴儿状态，永远长不大，不可能"青春永驻"，长生不老。人们的需要、能力也是不断变化、发展的。因此，一定对象对于同一个人来说，它有没有价值、有什么样的价值，绝不可能僵死固定，一成不变。有的时候，即使对象本身没有发生明显的变化，它对人的价值也不会永远不变，而是可能随着人们自身的变化，特别是人们的需要和能力的变化而变化、发展而发展。

唐朝大诗人杜甫（712—770年）《春夜喜雨》诗云："好雨知时节，当春乃发生。随风潜入夜，润物细无声。"当春天来临，万物萌芽生长，农民的庄稼刚刚播种，一切都等待春雨的滋润，恰逢其时，一场久盼的春雨突然降临，春旱解除了，农民们的生计有了希望，个个喜不自禁，笑逐颜开，这时候的绵绵春雨真是适时的"好雨""喜雨"。然而，如果已经暴雨成灾、洪水泛滥了，但春雨仍然淅淅沥沥下个不停，无情地淹没庄稼，冲毁道路，毁坏家园，弄得民不聊生，流离失所，这时的春雨就变成令农民诅咒的"坏水"了。

对于价值的这种因时而化、顺时而变的时效性，人们并不陌生，在现实生活中多有见识。最为典型的是，这些年来，人们越来越认识到了古董、文物的价值：今天的古董、文物大多在当年并不名贵，有些甚至是过去的日常生活用品，但是，随着岁月的流逝，却可能身价倍增，甚至价值连城。这是因为，虽然它们在当年并不起眼，司空见惯，不足为奇，但可能记载着那个年代人们的生活，寄托着那个时代人们的情感，成为人们对已经逝去的那段历史的纪念。今天大江南北兴起的收藏热，包括苏区文物收藏热、"文化大革命"文物收藏热，都可以折射出人们对这种价值认识上的变化。

关于价值的时效性，许多人常常有真切的体验，甚至有不少深刻的感悟。例如，人们对于“雪中送炭”的由衷赞誉，对于“雨后送伞”的诙谐调侃，对于“抓住机遇促发展”的深刻认识，对于“时间就是金钱”“时间就是生命”的高度概括，以及外交工作中“没有永远的敌人，也没有永远的朋友”的感慨，等等，就非常形象地说明了价值的时间效应。价值鲜明的时效性表明，人们的价值生活是一个动态的过程，一个不断变化、不断发展、不断提升的过程。在现实生活中，总是有许多价值等待着我们去发现，还会有更多的价值等待着我们去创造。一个志向远大、有所追求的人，总是会不懈努力，不断超越过去和现在，以自己的实际行动，创造美好的未来。

价值的个体性、多维性、时效性，反映了价值是一种“因人而异”的关系，是一种随着人们自身的变化而变化、发展而发展的关系。换句话说，某一对象究竟有没有价值，有什么样的价值，虽然与对象是否存在、是否具有某种性质和功能密切相关，即在一定意义上具有客观性；但更重要的是，它取决于人们自身，取决于人们的需要和能力，它反映了人们自身的特点，反映了人们的自由全面发展的程度。不明白这一点，就不可能区分事实与价值，就不可能真正洞悉价值的奥秘。

当然，价值的属人性和主体性，以及价值所表现出来的因人而异的多样性、个体性、多维性、时效性，是受人所处的社会关系制约的，是受人所处的具体的时间、地点等社会条件制约的。也就是说，价值的属人性和主体性具有鲜明的社会性，在阶级社会中具有阶级性。一切价值判断和价值评价都受制于、受影响于人的社会性，一切价值判断和价值评价都离不开人的社会实践所决定的社会意识的导向、制约和影响。

五、反对主观主义和相对主义价值观
——庄子的“齐万物”“等贵贱”

庄子（约前364—前286年）有一个著名的观点：“以道观之，物无贵贱”，“万物一齐，孰长孰短”。[14] 他认为，人世间的一切是非、善恶、美丑等，并无原则界限，都是相对而言的。“是亦彼也，彼亦是也。彼亦一是非，此亦一是非。”[15] 是非可以不论，善恶不妨并存。圣人尚智慧，设差别，讲仁义，教礼乐，一切本没有什么意义。“与其誉尧而非桀也，不如两忘而化其道。”[16]“是非之彰也，道之所以亏也。”[17] 因而应该循道自化，齐万物、等贵贱、一死生，“不谴是非”[18]，“不以好恶内伤其身”。[19]

庄子生活的时代，处于奴隶社会与封建社会的新旧之交，战乱频仍，民不聊生，以周礼为核心的奴隶制的道德价值已经沦丧殆尽。在绝望而悲剧性的人生中，庄子不仅同是非、齐善恶，而且怀疑一切，否定一切："可乎可，不可乎不可。道行之而成，物谓之而然。恶乎然？然于然。恶乎不然？不然于不然。恶乎可？可于可。恶乎不可？不可于不可。"[20] 在庄子看来，人之生死都没有什么特别的意义，一切"方生方死，方死方生"。甚至，庄子还将死视为对生之烦恼、痛苦的彻底解脱。当庄子相濡以沫的妻子驾鹤西去时，他的好友惠施（前390—前317年）怀着沉痛的心情前往吊唁，却惊奇地发现庄子不仅毫无哀色，反而在兴高采烈地"鼓盆而歌"！

庄子真是一位超凡脱俗的奇人，而且真是"超脱"得彻底！但是，在价值世界中，真的一切都无所谓吗？是非、善恶、美丑、贵贱、荣辱等价值都是主观的、相对的，没有任何标准可言吗？

恐怕不能这么极端。实际上，我们肯定价值具有主体性，肯定价值因人而异、因时而异、因地而异，这并不是说，价值是完全主观的、相对的，没有客观性、统一性和绝对性可言。在这里，辩证法告诉我们，应该全面地看问题，不能走向片面和极端，滑进"价值无争辩"之类主观主义、相对主义价值观念的泥坑。

主观主义价值观念只从人的精神与心理状态理解和规定价值，认为价值是人的兴趣、欲望、情绪、情感、态度或其产物。

如罗素（Russell，1872—1970 年）认为，“当我们断言这个或那个具有‘价值’时，我们是在表达我们自己的感情”[21]；培里（Perry，1876—1957 年）认为，“价值最终必须被看作是欲望或兴趣的函数”[22]。这种观点是错误的。实际上，价值的主体性并不等同于主观性，更不等同于主观随意性。主观主义价值观念割裂了价值与对象之间的关系，否定了人的需要等的客观性，是价值问题上的唯心主义观点。主观主义价值观念根本没有看到，或者说刻意地忽视了价值的客观性。

价值实际上具有客观性。我们可以从如下几方面来看。

——价值作为一个关系范畴，存在于具体的人和对象相互作用的客观过程之中。一定的对象是否对人具有价值，具有什么价值，不是由人和人的需要单方面决定的，它同时也取决于对象本身，取决于对象是否具有满足人的需要的性质和功能。例如，古代没有发明无线手机、互联网，那么，对于古人来说，根本就不可能有所谓手机、互联网的价值，也根本不可能像今天这样，实现远距离的即时通信，真正实现“天涯若比邻”。

——人们的需要并不是纯粹主观的，不能将“想要”与需要混为一谈。例如，一个人生了病，往往需要看医生，打针吃药，甚至动手术。如果讳疾忌医，打针怕痛，吃药怕苦，动手术嫌麻烦，那么只可能进一步增加痛苦，甚至加速死亡。欠发达国家需要发展，改善人民生活，如果以“越穷越光荣”来逃避，那么只会令百姓们忍饥挨饿，生活窘困，民不聊生。所以说，由于人们的需要具有一定的客观性，因而相应的价值不可能只是由人们主观地说了算。

——人们的需要的产生与发展，需要满足的方式和程度，也不是随心所欲的，是受社会历史条件和人们的社会实践活动制约的。无论是人的生理需要，还是人的心理需要，也无论是人的物质性需要，还是人的精神性需要，在根本上都与人的社会存在状况相联系，与人的社会实践以及在这种社会实践中的发展相联系，都有其不依赖于人和人的主观意志的客观性和必然性。正是社会实践创造出来的不断发展着的需要，规定了一定对象对于人有没有价值，有什么价值，以及这种价值可能发生什么样的变化。绝不能脱离具体的社会历史条件，脱离人们的社会实践，脱离人们的社会关系，空洞地谈论人们的需要和需要的满足。

——强调价值的主体性，强调价值“因人而异”，并没有，也不能否认价值的客观性。一定的对象对人是否具有价值，具有什么样的价值，并不是由人们主观、随意地决定的，它具有一定的客观性。例如，在冰天雪地的寒冬，棉衣之类防寒物品对人的价值就具有客观性，否则就可能遭受冻伤、冻死之类的不幸。只有理解和尊重价值的这种客观性、确定性，人们才能正确地把握它，合理地利用和变革它。

相对主义价值观念是主观主义价值观念的孪生兄弟。它认为一切价值都是相对的、不确定的，“公说公有理，婆说婆有理，天下无公理”。相对主义价值观念虽然看到了价值的主体性，看到了价值是相对于人和人的需要来说的，但是，却片面夸大了价值的相对性、不确定性。

实际上，承认价值具有客观性，也就在一定意义上承认了价值的确定性、绝对性。对于每一个确定的人来说，包括对于每一个确定的群体或共同体来说，在一定时间、条件下，一定对象的价值往往是可以确定的。例如，在中国土地革命时期，打土豪分田地，地主、富农当然不甘心，必然拼命抵抗和反对，但广大农民能得到实惠和公平，因而必然拍手称快，衷心拥护。消灭资本主义私有制，消除剥削和压迫，资本家自然不愿意，但一无所有的工人阶级却肯定欢欣鼓舞，因为他们在革命中“失去的只是锁链”，“获得的将是整个世界”[23]。

对于不同的人、不同的社会共同体，甚至整个人类来说，在一定程度上，价值也具有共同性和统一性。

作为一个“人”，作为社会大家庭的一个成员，任何人都具有某种共同的“人性”，具有一些基本的共性，因为人自身的社会性和相互依存关系而具有共同的目的、利益和需要。而且，人的本质是“一切社会关系的总和”[24]。任何人只有在互动的社会关系中，在一定的价值秩序中，才能健康地生存、生活和发展，才能实现自我的价值，同时也为他人的价值实现创造条件。这必然要求人们在社会交往中，形成一定的共同价值标准，接受一定的共同价值秩序，学会过一种社会化的“集体生活”。

总之，价值不仅具有主体性、相对性，同时也具有客观性、绝对性。在人们的社会实践的基础上，价值的主体性（包括主观性）与客观性、相对性与绝对性是相互依存、相互作用、辩证统一的。那些执其一端、片面地加以绝对化的观点，如主观主义、相对主义等错误的价值观念，既经不起逻辑上的仔细推敲，也不符合价值生活的实际。

结　语

价值所反映的是对象是否满足人们需要的一种关系，或者对象对于人们的生存和发展所具有的意义。由于对象既可以是事物，也可以是人，因而在价值世界中，既包括事物的价值，也包括人的价值。一切价值都以人的社会实践活动为基础。社会实践既创造了人，也创造了人与世界的关系，创造了丰富多彩的价值世界。

价值与事实不一样。一切价值都是相对于人而言的，也正因为此，价值具有鲜明的主体性。当然，强调价值的主体性不能走向极端，不能断然否认价值的客观性、绝对性，不能否认价值评价的社会性。实际上，价值的主体性与客观性、相对性与绝对性、多样化与统一性之间是辩证统一的，必须旗帜鲜明地反对主观主义、相对主义价值观。

注 释

1 《马克思恩格斯全集》第26卷第3册，人民出版社1974年版，第139页。

2 《列宁专题文集　论辩证唯物主义和历史唯物主义》，人民出版社2009年版，第314页。

3 《马克思恩格斯文集》第1卷，人民出版社2009年版，第192页。

4 《马克思恩格斯文集》第1卷，人民出版社2009年版，第191页。

5 《马克思恩格斯文集》第1卷，人民出版社2009年版，第538页。

6 康德:《实践理性批判》，人民出版社2003年版，第220页。

7 《荀子·王制》。

8 《孟子·离娄下》。

9 康德:《论优美感和崇高感》，商务印书馆 2001 年版，第 27 页。

10 《列子·杨朱》。

11 《马克思恩格斯选集》第 1 卷，人民出版社 1995 年版，第 67 页。

12 《爱因斯坦文集》第 3 卷，商务印书馆 1979 年版，第 145 页。

13 《马克思恩格斯文集》第 1 卷，人民出版社 2009 年版，第 191 页。

14 《庄子·秋水》。

15 《庄子·齐物论》。

16 《庄子·大宗师》。

17 《庄子·齐物论》。

18 《庄子·天下》。

19 《庄子·德充符》。

20 《庄子·齐物论》。

21 罗素:《宗教与科学》，商务印书馆 2010 年版，第 136 页。

22 R.B.Perry, *General Theory of Value: Its Meaning and Basic Principles Construed in Terms of Interest*, Longmans, Green and Company 55 Fifth Avenue, New York, 1926, p.81.

23 《马克思恩格斯文集》第 2 卷，人民出版社 2009 年版，第 66 页。

24 《马克思恩格斯文集》第 1 卷，人民出版社 2009 年版，第 505 页。

合理地进行价值评价

——价值评价

所谓价值评价，就是人们在把握对象的基本信息的基础上，根据自己的目的、利益、需要等尺度，对对象的好坏、利弊、善恶、美丑等加以评定、估量，或者说，对对象有没有价值、有什么价值进行判断、比较。

随着国共两党共同领导的北伐战争的胜利进军，从广东开始的农民运动轰轰烈烈地向全国蔓延。1926年6月，在中国共产党领导下，广东、湖南、湖北、江西、河南、陕西、四川、广西、福建、安徽、江苏、浙江等17个省、200多个县成立了农民协会，会员达915万余人。“农民的主要攻击目标是土豪劣绅、不法地主，旁及各种宗法的思想和制度，城里的贪官污吏，乡村的恶劣习惯。这个攻击的形势，简直是急风暴雨，顺之者存，违之者灭。其结果，把几千年封建地主的特权，打得个落花流水。地主的体面威风，扫地以尽。地主权力既倒，农会便成了唯一的权力机关，真正办到了人们所谓‘一切权力归农会’。”[1] 广大农民起来造反，搅醒了地主绅士们的酣梦，打乱了几千年的传统社会秩序。对此，土豪劣绅乃至整个封建势力大叫“糟得很”，诬蔑其为“痞子运动”；党内思想右倾的同志也看不惯，公开表示怀疑，甚至加以责难。为了回击和驳斥党内外对农民运动的攻击、责难，1927年1月4日至2月5日，中共中央农民运动委员会书记毛泽东，回到当时农民运动发展最为迅猛的湖南进行考察。在32天里，毛泽东步行700多公里，实地考察了湘乡、湘潭、衡山、醴陵、长沙五县的农民运动情况。通过广泛接触和访问广大群众，召集农民和农民运动干部，召开各种类型的调查会，他获得了大量的第一手资料，撰写了《湖南农民运动考察报告》这篇划时代的马克思主义文献。

在《湖南农民运动考察报告》中，毛泽东热烈赞颂大革命中的农民群众推翻乡村封建统治势力的革命行动和历史功绩，尖锐批评党内外责难农民运动的各种谬论，阐明农民斗争同中国革命成败的密切关系。他和广大农民一样欢欣鼓舞，热烈欢呼农民运动"好得很"！他明确提出，一切革命的党派和同志都应当站在农民的前头领导他们前进，而不应站在他们的后头指手画脚地批评他们，更不应站在他们的对立面攻击、反对他们。

湖南农民运动究竟"好得很"，还是"糟得很"？这里涉及了价值评价问题。当人们谈论人或事物的好坏、善恶、美丑、利弊、得失等时，或者说，具体地讨论其有没有价值、有什么价值、有多大价值时，实际上是在进行价值评价。而价值评价和一般意义上的认知不同，它有自己的独特方式和显著特点。

一、价值评价的客观基础和主观因素

——何以会“情人眼里出西施”

许多热恋中的年轻人都体验过“情人眼里出西施”的现象：他人看来相貌平平的女子，或者其貌不扬的男子，在情人们的眼里，却显得美丽英俊、光彩照人，甚至令情人们朝思暮想，几近着迷。为什么年轻人审视自己的情人，并不一定“从众”“合群”，并不依某种公认的审美标准为标尺？

要想弄明白这种现象，就要从价值评价和它的特点说起。

所谓价值评价，就是人们在把握对象的基本信息的基础上，根据自己的目的、利益、需要等尺度，对对象的好坏、利弊、善恶、美丑等加以评定、估量，或者说，对对象有没有价值、有什么价值进行判断、比较。

评价与认知相对，属于广义的认识范畴，是人们社会生活中的一种普通的意识活动。人们的生活实践的每一个方面都离不开评价。可以说，人们总是不断地在进行着各种各样的评价，如判断是非、分辨善恶、审察美丑、评估利害、衡量得失、褒贬社会、品头论足、自我反省、宣泄感情，等等。

评价主要解决的是所谓“知好知坏”“知善知恶”“知美

知丑”“知得知失”之类的价值问题。评价和哲学上的认知大不相同。一般而言，认知的目的是为了全面、准确地了解对象，弄清对象的本来面目和发展规律，也就是追求真理。它表现为对一定对象的存在状况、本质和规律的客观描述。例如，“人是从类人猿进化来的”，“他是一个男人”，“摩擦会生热”，“资本主义必然灭亡”，等等。评价的目的则不局限于弄清对象本身，而是要进一步把握对象与人们自身之间的价值关系，弄清它（们）或他（们）对人们究竟“好”还是“坏”，“善”还是“恶”，有意义还是无意义，以及人们应该怎么做，怎么做是最优选择，等等。评价体现着人们自身的利益、需要和能力，渗透着人们的情绪、情感和意志。在认知过程中，人们总是尽可能避免受到各种主观因素的干扰，尽可能做到“客观”。而评价则不像认知那样理性。在评价过程中，既有理性的作用，更渗透着评价者的喜怒哀乐等情绪，带有浓厚的情感和意志色彩。人们总是以一定的爱或恨、好或恶、亲或疏、喜或悲来对待对象，形成带有浓厚情感和意志色彩的评价结论。例如，“奴隶贸易是最肮脏的勾当！”“纳税光荣！逃税可耻！”“山川之美，使人应接不暇”，“桃花潭水深千尺，不及汪伦送我情”，等等。如果说，认知是以认识对象为中心的，那么，评价则是以作为评价者的人为中心的。比如说，对于“这里有没有一双鞋，它是什么样的?”那只能“由鞋说了算”，有就是有，没有就是没有，是什么样的就是什么样的，对于任何人来说都没有区别。但是，“这双鞋子对某人是否合脚，他喜不喜欢”，却不能“由鞋说了算”。虽然鞋子存在不存在、鞋子的特点和功能是客观的，但鞋子“合不合脚”，穿鞋的人喜不喜欢，则只能由穿鞋的人说了算。鞋子穿在谁的脚上，谁才知道鞋子是否合适。无论他人如何“客观”、如何“高明”，也不可能比这个穿鞋的人更有发言权。

在日常生活中，人们的价值评价经常表现为一定的态度。态度的内涵丰富，多姿多彩：或者肯定，或者否定；或者赞同，或者反对；或者喜欢，或者厌恶；或者赞美，或者鞭挞；或者亲近，或者拒斥；或者希望，或者惧怕……不同的态度既可以用日常语言表达，例如，“黄山真美啊!”“小人的行为很卑鄙!”“我强烈反对这么做”，等等；也可以用非语言的动作、表情来表达，如竖起大拇指、鼓掌、开怀大笑、手舞足蹈、摇头、叹息、无言的行动，等等。人们的态度可能十分明朗、坚决，也可能比较模糊、含混。这是因为态度有层次、程度之分。例如，在肯定和否定之间，在赞同和反对之间，在喜欢与厌恶之间，在亲近和拒斥之间，往往存在着比较广阔的中间地带、过渡区域，最典型的如平常所谓“模棱两可”“骑墙居中”“风吹两面倒”。

“情人眼里出西施”，就是热恋中的年轻人的一种情感强烈的态度的表达。它是一种积极、肯定的审美评价，属于价值评价的一种典型类型。为什么“情人眼里”会出“西施”呢？这是因为，价值评价总是由有血有肉、有生命有情感的人来进行的。然而，人并不是没有七情六欲的“神”，不是“全知全能”的上帝，不可能“绝对客观”，超然冷漠，“直指佛心”。评价，包括形形色色的态度，并不是由对象单方面决定的，它往往包含着一个人与对象相互作用、相互创造的过程，例如情人们之间的正向的相互作用过程。在评价过程中，评价者总是将自己或浅或深地“投入其中”，立足自己的切身利益和需要，怀着自己的真实情绪和情感，用自己的眼睛去看，用自己的心去体会，在情感氛围中得出自己的评价结论。

不妨以审美评价为例进行分析。在审美过程中，对象自身的形状、线条、颜色、硬度、运动轨迹等感性形式固然是基础，没有它们，根本不可能进行任何审美活动。但是，审美主体的情感、趣味和态度确实十分重要，它直接决定着审美体验的产生，决定着具体的审美结论。这是因为，一定审美体验的产生，即产生美感、做出评价，绝不是一个简单的、机械的刺激—反应过程，而是一个非常复杂的、包含许多环节的对象与人相互作用的辩证过程。人们的审美心理习惯、趣味、喜好等都参与其中，共同发挥作用。如果说审美对象是形状、线条、颜色、硬度等构成的复合体，那么，人们的审美态度就如同光线。光线投射的角度、区域、亮度等不同，显现出来的“形象”，或者说在审美者心中形成的“形象”，也往往不同，由这个“形象”唤起、导致的效果也不同。

据此，就不难解释“情人眼里出西施”了。因为情人之间相互欣赏，相互爱慕，相互依恋，感情日浓，爱意日深，情人们的心情极其愉悦，世界上的一切都显得那么美好，这种情形下比较容易形成积极、肯定的评价。特别是，美好的爱情往往令人有一种找到“自己另一半”的感觉，并在对方身上看到自己珍惜、向往的品格，在对方身上感受到生活的美好、温馨与和谐。也就是说，对象的“形象”与自己的心灵之间往往产生高度的契合，因而觉得对方是得体的、善良的、可爱的、可亲的。这种态度和情意甚至会像过滤器，或者“有色眼镜”，放大自己喜欢的对象的某些方面、某些特征，同时又忽略、掩盖不喜欢的某些方面、某些特征，从而在情人的眼里，美的东西更显美丽，不美的东西则大大淡化。科学家们还有一项有趣的发现：当人们恋爱的时候，体内的催乳激素含量增加，肌肤会变得细腻光洁，富有透明感；同时，交感神经兴奋，副交感神经抑制，心率加快，瞳孔放大，脸色泛红……这往往会令情人更加美丽、英俊、迷人。因而，情人眼里所看到的，正是他希望看到的，是经过他的情和爱所“美化”了的对象，是他自己参与创造着的善和美！

当然，“情人眼里出西施”只是一种特殊的、典型化的评价。在现实生活中，并不是所有的评价都具有如此强烈的情感色彩和“美化”效果。但无论如何，评价是对与人相关的利害、善恶、美丑等价值的反映，不同于客观的认知活动。评价过程总有七情六欲的成分在内，总是伴随着人们的兴趣、情绪、情感、意志等因素，表现出一定的感情色彩。在日常生活中，一个人喜欢另一个人，常常会觉得他处处顺眼，看到的多是他的优点和长处；而厌恶一个人时，则会觉得他处处扎眼、碍事，看到的多是他的缺点和短处，有些极端的时候，甚至会把他的长处也视为短处。这类情况司空见惯，不胜枚举。其实，这些都不过是“情人眼里出西施”的另一种表现。

可见，对于价值评价来说，虽然对象及其表现是确定的，但评价结论却与人们自身密切相关，与人们的利益和需要相关，与人们的情绪、情感和意志相关，从而呈现出“因人而异”、五花八门的状况。这正所谓“仁者见仁，智者见智”“萝卜青菜，各有所爱”。

二、价值评价有赖于评价标准

——是“最好的演员”还是“最坏的演员”

在世界戏剧史上，曾经产生过两种针锋相对的戏剧理论，一种叫“体验派”理论，另一种叫“表现派”理论。两种理论有些水火不容，它们之间的差别可以通过一个故事加以描绘：

曾经有一位演员，演技十分高超。他扮演莎士比亚（Shakespeare，1564—1616年）名剧《奥赛罗》中的反派人物——无耻奸佞的小人埃古，表演得极其逼真，活灵活现。在一次演出中，他扮演的埃古将观众完全激怒了，沉浸在剧情中的观众失去理智，将他当作真正的埃古当场打死了。在戏剧史上，这类悲剧并不罕见，而是时有发生。在我国解放战争时期，据说也曾发生过持枪战士向《白毛女》中黄世仁的扮演者开枪的事件，以至于后来不得不规定，不许战士荷枪实弹观看《白毛女》。

面对如此极端的事件，学者们如何评价当事的演员呢？什么样的演员才是真正的好演员呢？令人意料不到的是，不同学派的评价居然大相径庭：按照“体验派”理论，这两位演员的生活体验深厚，角色理解到位，表演时“入戏”很深，逼真传神，活灵活现，因而称得上是“世界上最好的演员”！而根据“表现派”理论，这两位演员将角色和生活完全混为一谈了，将自己完全“变成了一个坏人”，将观众完全拖入了剧情之中，没有在角色、演员、观众之间制造一个情感上的距离，没有“表现”出对角色的理性“批判”的态度，没有给观众带来足够理性的启示，因而是“世界上最坏的演员”！

这两位演员究竟是“世界上最好的演员”还是“世界上最坏的演员”？两种截然不同、尖锐对立的价值评价，孰是孰非？孰对孰错？如何评说？回答这些问题确实很棘手，曾令许多聪明的头脑犯难。仔细分析，不难发现，造成上述问题的关键，在于确立价值评价的标准。正是因为评价演员的标准完全不同，才造成双方的评价结论截然对立。

关于价值评价的标准，人们并不陌生。在社会生活实践中，人们无时无刻不在和评价标准打交道，只是有时不用文绉绉的“评价标准”一词而已。例如，在现实生活中，人们常常对人对事“说长道短”，评头论足；一个人自己也需要“知好识歹”，经常进行自我反省。在诸如此类的过程中，总是会依据一定的评价标准进行衡量、判定。

真正要搞明白评价标准的问题，必须弄清它和人们熟悉的认知标准的差异。我们知道，对于认知，除了实践之外，不存在什么别的标准。“唯上”“唯书”“唯本本”都是要不得的。而在价值评价领域，标准则显得比较复杂，层次也比较多。一般而言，评价标准往往由体现人们利益和需要的具体价值原则、规范等构成。例如，“应该全心全意为人民服务”，“应该遵守三纲五常”，“不许说谎”，“禁止剥夺私有财产”，等等。这类规范、标准是衡量人们的思想和行为的尺度。如果人们认同这些标准，那么，只有符合这些规范的言行才是有价值的，值得肯定和鼓励；反之，则是没有价值的，应该予以禁止。所谓评价，就是人们依据自己的评价标准去估量、衡量、比较对象，确定特定的对象对于人的价值或意义。

那么，这些评价标准是怎样形成的？它的根据是什么呢？

评价标准是人们自己的目的、利益、需要的反映，是人们在长期的社会生活实践中的经验和教训的总结。

俗话说，“没有规矩不能成方圆”。规是画圆或校正圆形的工具，矩是画方或检验方形的工具，即方尺、曲尺。没有规和矩，就画不成方和圆。规矩连称，后来引申为法度、规则、标准、规范之义。随着社会的组织化，各种纪律、禁忌、礼仪、程序甚至风俗习惯等也都成了规矩。

在现实社会中，各种规矩一经确立，就在一定领域、一定方面规范人们的行为。它反映、灌输、内化到人们的头脑中，就形成了评价标准，人们又用这些标准评价各种各样的事物，调整和指导人们的言行，使人们的日常活动有了章法。在一个社会中，完全不遵守任何规矩，既无法做人，也无法做事。按规矩做人做事，拿规矩教人知事，用规矩评人论事，世界就变得有条理、有明鉴、有公断、有秩序，就可以减少许多麻烦，避免一些不必要的冲突。

但是，任何事情都有它的对立面，规矩也是一样。例如，人们“循规蹈矩”惯了，有时就会忘记规矩是从哪里来的，它的真正内涵是什么。有人甚至真的以为，规矩、规范就如同“大人”们教导的一样，都是“天地良心”的表现，是先天确定的神圣法则，如孟子（前372—前289年）所谓不学而能、不虑而知的“良知”“良能”；朱熹（1130—1200年）所谓“至善”的“天理”；宗教所谓全知全能全善的上帝、神的意志。实际上，这些都是唯心主义的观点，掩盖了各种社会规则的真实面目。它们使得来自日常生活实践、与日常生活实践密切联系的规范，日益表现为抽象的形式。同时，一些为现存的统治秩序进行辩护的思想家，总是竭力论证这一切的合理性，导致规矩日益神秘化、神圣化，云山雾罩，神秘莫测，以致令人很难看清规矩的“真面目”。

马克思主义经典作家拨云见日，深刻地洞察到了规范的本质：道德规范和其他评价标准，不管它们的形式多么抽

象，归根结底都是人们的社会生活实践的产物，是在历史的时代延续中逐渐形成，并用来为现实社会生活服务的。

实际上，规矩从来不是先天就有的，也不是神定的，而是由人定的。并不存在什么神秘的、永恒不变的“天地良心”所定的规矩，规矩所对应的往往只是人们现实的利益、需要和追求。在现实生活中，人们既可以根据自己的利益和需要立规矩，也可以根据自己的利益和需要改规矩。之所以要“立”，之所以要“改”，是为了迎合人们生存和发展的需要，是为了维持社会生活的一定秩序，是为了按人们自己的需要和方式“变革世界”。

只不过这里存在一个秘密：并不是所有人在一切规矩面前都是平等的。自有阶级社会以来，在规矩面前，一直存在着两类迥然不同的人：

一类是“立规矩的人”，他们有权制定规矩、修改规矩和废除规矩。制定、修改、废除规矩往往是为他们自己服务的，反映的是他们的根本利益和需要，维护的是对他们有利的社会秩序。因此，他们总是声称某些规矩很合理，要求大家都认同和服从这些规矩。

另一类则是“被规矩规范的人”。这些人无权参与规矩的制定和修改，规矩也不大考虑他们的利益和需要，而只是一味要求他们接受、服从和遵守。这类人实际上是被形形色色的规矩异化了的人，他们往往只感到规矩对他们的束缚和压抑，而感觉不到遵守这些规矩有什么好处。鲁迅（1881—1936年）尖锐地指出，几千年传统的封建礼教一直在“吃人”，就是这个道理。因此，“被规矩规范的人”服从规矩是被动的、盲目的，有时甚至完全是被强制的。可见，规矩后面隐藏着不同阶级和阶层、不同“人”之间的尖锐对立。

马克思主义认为，诸如道德、法律之类的规范，在阶级社会从来都是有阶级性的，是为一定的阶级服务的。这一语洞穿了“规矩”的实质！面对花样繁多、形形色色的规矩，只要我们明确地追问：“这是什么人的规矩”，问题往往就豁然开朗了：**是什么人的规矩，反映的就是什么人的目的、利益和需要，就是为什么人服务的。**

在湖南农民运动之前，湖南农村显然是地主土豪的天下，他们制定了反映他们的利益和要求的规矩，并通过各种手段，强制广大农民接受和遵守。湖南农民运动之类波澜壮阔的农民革命，不仅动摇了地主土豪的统治基础，同时也是一场“规矩的大革命”。广大农民觉醒了，他们组织农会，以空前激烈的革命方式，要求砸烂旧制度，改变土豪劣绅们制定的、长期压迫广大农民的成规定法，同时，建立新组织和新制度，订立反映自身利益和需要的新规矩。于是，一事当前，立场相对、目标相左、手握不同“规矩”的地主土豪和广大农民，乃至不同阶级之间，便不可避免地做出截然不同的评价，产生空前激烈的矛盾和冲突。

可见，**评价好坏之类价值问题，关键在于谁掌握着制定、修改和废除规矩的权力**。规矩从来就不是所谓的“神秘天意”和“永恒法则”，而是由掌握权力的人定的。只要广大人民群众当家做主，掌握了制定、修改和废除规矩的权力，令订立的规矩切实反映人民群众的利益和需要，那么，相应的规矩就会为广大人民群众服务，变成广大人民群众分辨是非、品评价值、变革世界的锐利思想武器。

三、“值”与“不值”自有“公论”

——“公说公有理，婆说婆有理，天下无公理”

在现实生活中，不同的人对于同一对象的价值评价常常会出现不一致的情况。有时，分歧还很严重，甚至相互冲突，针锋相对，无法调和。有人还在俗语“公说公有理，婆说婆有理”之后，加上一句“天下无公理”。这里的“公”与“婆”，不仅可以代称不同的个人，也可以代称不同的群体、民族、国家等。对于同一个人、同一件事情的评价，“公”“婆”彼此都认定对方的理是歪理，自己的理才是真理，于是乎，闹将起来，公婆不和，公婆的世界大乱。

为什么会出现“公说公有理，婆说婆有理”这类情形呢？究其实质，这源于“公”“婆”各有自己的利益和需要，“公”“婆”之间的评价标准存在分歧。

遇到类似的情况应该怎么办呢？当然，最好是寻求评价标准的统一，找到一个客观的评价尺度。也就是说，如果“公”“婆”之间要和平共处，达成一致，就要通过一定的办法，将他们之间不同的评价标准协调一致起来。

然而，在现实生活中，由于不同的人的实际情况不同，人们的利益和需要千差万别，这往往是很困难的。在历史与现实中，有史可查的常见的做法是，统治者及其御用思想家强行制定一套标准，要求人们顺从、照办。如所谓“以圣人之是非为是非”，“以圣经之是非为是非”，“官大一级压死人”，“以领导的意志为转移”，都是这种情况。在阶级社会中，统治阶级的利益和需要决定并制约评价标准。然而，在我们国家，随着社会主义制度的确立，随着经济、社会的发展，随着人民民主的发展，评价标准由绝大多数人来判断和确立，以广大人民群众一致的意见为准。这也就是所谓“公论”。

“是非自有公论”回答了评价标准如何统一的问题。

面对“众说纷纭”的情形，“公论”代表着公众共同的、一致的评价和态度。然而，什么样的意见才称得上“公论”呢？怎样才能获得“公论”呢？

一方面，必须把社会公众置于真正的评价主体的地位，坚持和体现“人民群众是历史的主人”，而不能以少数人的评价为最终结论。

就是说，要看是否真是“公众”在进行评价；或者说，是哪些“公众”进行评价。究竟是谁进行评价，站在谁的立场上，以谁的利益和需要为标准，这是“公论”是否公道的前提。表面上看，这似乎不成什么问题，但是，现实生活中却常常模糊得很，有些人还会故意加以混淆，浑水摸鱼。例如，湖南农民运动究竟“好得很”，还是“糟得很”？关键要搞清楚，选择站在谁的立场上，以谁的利益和需要作为评价标准。如果站在占人口少数的土豪劣绅们的立场上，维护对他们有利的社会秩序，那么自然“糟得很”；但是，如果站在广大农民和一切革命派的立场上，从占大多数的劳苦大众的利益和需要出发，那么，这不仅不是“糟得很”，而且是“好得很”！正如毛泽东一针见血地指出的：“‘糟得很’，明明是站在地主利益方面打击农民起来的理论，明明是地主阶级企图保存封建旧秩序，阻碍建设民主新秩序的理论，明明是反革命的理论。”“‘好得很’是农民及其他革命派的理论。一切革命同志须知：国民革命需要一个大的农村变动。

辛亥革命没有这个变动，所以失败了。现在有了这个变动，乃是革命完成的重要因素。一切革命同志都要拥护这个变动，否则他就站到反革命立场上去了。”[2] 这里涉及的立场问题，至关重要。从立场上看，在广大农民和土豪劣绅之间，存在着尖锐的不可调和的阶级矛盾。

是否是“公论”，还要看评价者是不是占大多数的“公众”，有没有客观的先进性和历史的进步性。一般而言，广大人民群众是历史的创造者，是历史发展的进步力量，他们才是最可靠、最公道、最权威的评价者。只有依靠广大人民群众，把广大人民群众视为进步“公众”、最终的裁判者，才可能“是非自有公论”，“公道自在人心”。

另一方面，也要看“公众”即广大人民群众的评价标准是否合理、先进。

什么样的评价标准才是合理、先进的？关键要看它是否适合生产力、生产关系的状况和发展要求，是否最终有助于人类的彻底解放，有助于人与社会的自由和全面发展。人们的一切思想和行为，只有最终有利于解放和发展生产力，有利于促成和维护与生产力发展相适应的生产关系，有利于人的解放、人与社会的自由和全面发展，才是合乎历史发展趋势的，才是先进的和合理的；反之，则可能是落后的、反动的、逆历史潮流的，应该进行彻底的反思和批判，加以革命性的变革。特别是在社会变革和超常规发展时期，由于反映传统社会统治集团利益和需要的规范标准本身也遇到了挑战，需要接受历史和人民的审判，进行彻底的反思、批判和变革。

我们回过头来具体地、历史地分析湖南农民运动，那么很明显，它“乃是广大的农民群众起来完成他们的历史使命，乃是乡村的民主势力起来打翻乡村的封建势力。宗法封建性的土豪劣绅，不法地主阶级，是几千年专制政治的基础，帝国主义、军阀、贪官污吏的墙脚。打翻这个封建势力，乃是国民革命的真正目标。孙中山先生致力国民革命四十年，凡所要做而没有做到的事，农民在几个月内做到了。这是四十年乃至几千年未曾成就过的奇勋。这是好得很。完全没有什么‘糟’，完全不是什么‘糟得很’”[3]。也就是说，湖南农民运动旨在推翻地主阶级和封建势力的反动统治，打破旧的落后的生产关系，让广大劳苦农民翻身做主人，体现了广大劳苦农民的利益，体现了历史发展的潮流与趋势，具有先进性和历史的进步性。在这种情况下，广大农民群众的“公论”——湖南农民运动“好得很”，而不是“糟得很”，就十分公道，一定会成为一种权威的、经得起历史检验的评价结论。

四、实践是检验评价合理性的最高标准
——“黄猫、黑猫，只要捉住老鼠就是好猫”

虽然具体的价值评价因人而异，具有鲜明的主体性，即面对同一个对象，不同的人基于不同的目的和需要，可能会得出不同的评价结论，但是，无论如何，评价也是一种反映，即人们对一定价值关系的能动反映。评价是有一定的客观规律可循的，存在着是否科学、是否合理之分。

一般说来，科学、合理的价值评价必须符合两个基本要求：一是对对象的状况的正确认识，二是对人们自身利益、需要的正确把握。

——能否正确认识评价对象，是形成科学、合理的价值评价的基础和前提。如果人们对一定的对象一无所知，那么是不可能对之进行评价的。人们对对象及其性质、功能所掌握的情况如何，在很大程度上制约着评价准确不准确，合理不合理。例如，如果一个人关于对象某一方面的知识匮乏，他的评价在这一方面就可能产生“盲区”；如果一个人的知识面过于狭窄，或者获得的相应信息太少、不全面，也可能形成对于对象的片面、狭隘的评价；人们的知识结构老化，或者知识结构不合理，则可能会对对象做出过时、偏执的

评价。

——能否准确、全面地把握自身的实际利益、需要，是形成科学、合理的价值评价的必要条件。一个人对他的根本利益、真实需要是否正确了解和把握，极大地制约着评价的主动性和自觉性，制约着认同、接受什么样的评价标准，形成什么样的评价结论。在现实生活中，常常有人将自己眼前的利益视为根本利益，将自己即时的需要视为真实需要，甚至还有人把需要混同于自己的“想要”。但人们有时想要的，并不一定是真正需要的。例如，医生对病人说：“你应该少吃肥肉，这对你的身体有好处。”而嘴馋的病人则可能很不高兴。病人也许确实想吃肥肉，但医生根据他的病情，却知道他的“想要”违背了他的实际需要。需要是人们自身客观存在的状况，就像病人的生理和营养状况一样。它是不是被人们自己明确意识到，变成“想要”或通过“想要”表达出来，那是另一回事。因此，按照“想要”进行评价，难免会出现失误。可见，如果对自己的需要做了过于狭隘、失实的估计，“目无全豹”，把某一方面的需要（即使是真实的需要）当成全部，就会使评价顾此失彼，“捡了芝麻丢了西瓜”；或者，只是从需要甚至自己的“想要”出发，为过于理想化甚至好高骛远付出代价。在历史与现实中，我们不难发现这样的情形：有些人度过了漫长而辛苦的一生，在临终反省自己的时候，却发现一辈子苦苦追求的东西，并不是自己真正想要的，因而抱憾终身。这确实令人扼腕。

——一定对象的“好坏”，它对人们有没有价值，有什么样的价值，不仅要看它是否真正符合人们的目的，是否真正满足人们的需要，还要看人们是否具有相应的素质和能力，从而在生活实践中使这种“符合”“满足”关系得以实现。也就是说，价值评价有一个主观是否符合客观的问题，它必须以主客体之间的价值关系为基础和目标。当评价背离所评价的客观价值关系时，评价就可能失当、不合理。例如，在历史与现实中，我们常常发现，有人“是非颠倒”，有人“不知好歹”，有人“善恶不分”，有人“美丑不辨”……然而，“越之西子，善毁者不能闭其美；齐之无盐，善誉者不能掩其丑”。西施、无盐在人们眼中的美丑，自然有其客观的容貌为基础，不是人们逞口舌之能就可以随意“涂抹”的。毕竟，只有那种符合特定价值关系的评价，才是唯一恰当、合理的评价。

——一个具体的评价是否恰当，是否合理，只有当人们将之与相应的价值关系加以对照，才能进行判定。然而，无论是对对象的实际情况的正确认识，还是对人们自身利益和需要的正确把握，往往都是费时费力的事情。众所周知，“认识你自己”就是一个千古难解的哲学谜题。它要求人们具有一定的评价能力，掌握正确的评价方法，能够恰当地运用各种评价手段和工具。而对于任何人来说，这些方面都可能存在偏差和不足，因而人们的评价，特别是自我评价，经常会出现混乱、失当、不合理的情况。在历史和现实中，我们经常会发现认敌为友、助纣为虐、追悔莫及的事例，也经常会看到化敌为友、化干戈为玉帛、幡然悔悟之类情形。这些现象说明，当事人的评价曾经出现过失当、不合理的情形，甚至出现过严重的偏差。

——人们可以通过自身的生活实践，对评价结论的科学性与合理性加以检验和判定。尽管具体的价值评价可能失当，但是，按照马克思主义哲学认识论的观点，价值评价作为人们对一定价值关系的能动反映，是能够获得科学、合理的评价结论，形成恰当的价值判断的。在生活实践中，人们的利益、需要是否得到了满足，一定对象对人们产生了什么样的效果，等等，都可以客观、直接地实现和表现出来，据此与评价结论相对照，就可以检验和判定价值判断是否科学、合理。正如马克思所说："全部社会生活在本质上是实践的。凡是把理论引向神秘主义的神秘东西，都能在人的实践中以及对这种实践的理解中得到合理的解决。"[4]

不过，社会实践对价值评价合理性的检验有其自身的特点。最常见的，是将评价标准指向"实效"。"实效"是在人们的生活实践中形成的实际价值，即所谓“实际效益”。“实效”是与“虚效”相对而言的，“虚效”即虚假效益。在历史与现实中，形式主义、贪慕虚荣、重名轻实、口惠而实不至、“假大空”、“花架子”、哗众取宠等，追求的都是“虚效”。解放思想，拨乱反正，正是要一切从实际出发，实事求是，将评价标准调整到推进中国特色社会主义事业、满足广大人民群众利益和需要的“实效”上来。邓小平说：“黄猫、黑猫，只要捉住老鼠就是好猫。”[5] 在社会主义初级阶段，邓小平提出的，判断一切是非成败的“三个有利于”标准——“是否有利于发展社会主义社会的生产力，是否有利于增强社会主义国家的综合国力，是否有利于提高人民的生活水平”[6]，注重的也是实效。应该说，改革开放以来，我国坚持以经济建设为中心，坚持“发展是硬道理”，走独立自主的中国特色社会主义道路，从而带来的各种实效，如生产力的快速发展、综合国力的极大提高、人民生活水平的不断改善，应该是有目共睹的。“中国道路”目前在全世界的影响力和感召力，就是实证。

——在现实生活中，由于环境、条件的影响，由于外部世界和人自身的复杂性，亦由于人们的需要和能力是发展的，人们往往很难只是通过一个评价过程，就形成终极的价值判断。有些眼前看来很需要、很重要的东西，长远看来可能就无足轻重；而有些眼前看来无足轻重的东西，可能会随着社会生活的发展愈益显其重要。因此，一种注重实效的价值评价，应该坚持开放的、发展的标准，应经过从评价到实践，再到评价的多次、反复的过程。对于社会历史中那些重大问题的评价，例如对于重大历史事件、重要历史人物的评价，更是如此。有的时候，这一评价过程是十分漫长、曲折的，会出现各种评价失当的情况，这就需要通过社会实践反复地加以检验，在社会实践中不断地加以校正。

结　语

价值评价是一种常见的意识活动，主要解决的是所谓“知好知坏”“知善知恶”“知美知丑”“知得知失”之类的问题。价值评价是人们依据一定的评价标准，对对象的价值进行评估、评定、比较、预测的观念活动，是人们对特定价值关系的能动的创造性的反映。唯心主义否认评价的唯物主义反映论，实质是错误的。

价值评价作为人们对价值关系的能动反映，存在着是否科学、合理的问题。现实生活很复杂，影响价值评价合理性的主客观因素很多。例如，评价对象的发展成熟程度和内在矛盾的暴露程度，评价主体对自身利益、需要等的自我认知或正确把握程度，以及一定社会历史条件下的评价工具、方法与模式等的发展程度，都可能影响人们的价值评价。价值评价是否科学、合理，最终要通过人们的社会实践加以最终的检验，而且，这种检验往往要经历一个历史过程。

注 释

1 《毛泽东选集》第一卷，人民出版社 1991 年版，第 14 页。

2 《毛泽东选集》第一卷，人民出版社 1991 年版，第 16 页。

3 《毛泽东选集》第一卷，人民出版社 1991 年版，第 15 页。

4 《马克思恩格斯文集》第 1 卷，人民出版社 2009 年版，第 501 页。

5 《邓小平文选》第一卷，人民出版社 1994 年版，第 323 页。

6 《邓小平文选》第三卷，人民出版社 1993 年版，第 372 页。

用我们的双手创造美好的世界

——价值选择和价值创造

所谓价值选择，就是在价值评价的基础上，从多种可能的价值中选取特定的价值，以创造和实现较大价值的活动。

如果说，关于价值和评价问题的探讨是“解释世界”的话，那么，价值选择与创造则是“改变世界”的活动。人们的价值选择、创造活动，是人的生存和活动方式，是人的本质表现形式。正是在这种活动中，人们才把世界改造成今天的模样；而且，人们还要通过这种活动，通过自己的双手，亲自创造一个更加美好的世界。

一、不同的选择成就不同的人生
——萨特的名剧与人生的二难选择

萨特（Sartre，1905—1980 年），既是哲学家，又是文学家。他有一部名剧——《死无葬身之地》。该剧描写第二次世界大战期间，五名法国抵抗运动的游击队员在一次战斗中失败被俘，经受了残忍的酷刑折磨，恐惧、仇恨、求生的欲望……复杂的情感纠缠着每个人的心。正在这时，法西斯分子将游击队长抓进来了，但是还没有确定队长的真实身份。五名游击队员面临着一场严峻的选择：是严守秘密，忍受酷刑，慷慨赴死；还是出卖游击队长，屈辱地换取自己的自由和生命？在经历了激烈的思想斗争之后，在经历了彷徨、无助、绝望等心理路程之后，他们最终都作出了自己的无畏选择：牺牲个人的生命，成就自己伟大的人生！

在萨特看来，无论一个人的处境多么艰难、恶劣，但他的意识总是自由的，思想总是由自己支配的。被敌人俘虏了，失去了人身自由，面临生死抉择，是成为宁死不屈的英雄，还是沦为卑怯可耻的叛徒，完全可以由人们自己自主地选择。虽然萨特的观点有过于夸大人的自主和自由之嫌，然而，价值选择总是普遍存在的，而且，人们不时会面临一些非常困难的选择，有时甚至可能面临某种严峻的考验。“忠孝不能两全”“鱼与熊掌不可兼得”等，是其中人们熟悉的冲突情形；“舍生取义”“杀身成仁”，则体现了人们高尚而又悲壮的价值追求。

所谓价值选择，就是在价值评价的基础上，从多种可能的价值中选取特定的价值，以创造和实现较大价值的活动。

在现实生活中，存在着各种不同种类的价值，而且，它们还可能彼此对立，有时甚至会发生激烈的矛盾与冲突。例如，功利价值和道德价值、人的个体价值与社会价值等，它们之间就经常存在各种各样的矛盾，有时导致人们顾此失彼，无所适从。这要求人们深刻认识价值的各种具体形态，在客观环境和现实条件提供的可能性范围内，根据人们自身的利益、需要和能力，科学、合理地进行价值评价与选择，努力化解它们之间的矛盾与冲突，达到一种有机的和谐状态。

人们的价值选择不是毫无章法的，不是毫无规律可循的。它反映了人们自身的切身利益和需要，表现了人们活动的自主性和目的性。有些时候，人们的选择往往为即时性的、急迫的需要所左右。举例说，假如你正行走在广袤、酷热的沙漠里，已经走得筋疲力尽了，口渴难耐，这时，给你两个选择：一杯水，一桶金子，你想选择哪一个？我想，大多数人都会选择水，毕竟，生理上对水的需要十分急迫，已经危及了人的生命。而任何人的生命都只有一次，如果命都没有了，拥有一座金山又有什么意义？当然，也可能会有极少数人选择金子。这一方面是因为，一桶金子是许多人一辈子苦苦劳作都挣不来的，而目前就有这样一个发大财的机会，机不可失；另一方面，可能是因为心存侥幸，想着或许能熬过去，而只要熬过去了，今后就梦想成真了。后一种选择明显带有赌博性质，反映了某些人“人为财死”的心理，并且，它可能更多只是出现在假想的时候。

一个人在其一生中，总是通过自己的各种选择，确定自己的人生方向，实现自己的人生价值，表现自己的本质特征。例如，在腥风血雨的白色恐怖年代，是毅然决然投身艰苦卓绝的人类解放事业，还是守着“老婆孩子热炕头”，埋头过好自己的小日子；不幸被敌人逮捕了，是信仰坚定，受尽折磨，宁死不屈，还是贪生怕死，叛变变节，出卖同志；在社会主义建设时期，是勇于承担责任，兢兢业业，开拓进取，还是随大流，混日子，得过且过，“做一天和尚撞一天钟”……人生因此可能会有完全不同的走向。可以说，正是由于人们的不同价值选择，才塑造了每个人各不相同的人生，才赋予了每个人的生命不同的意义。

在人类社会生活中，价值选择是一种普遍的、无法回避的现象。人类社会起源和发展的曲折的历史进程，每一社会共同体兴衰存亡的历史过程，每个人度过的或长或短的一生，几乎时时刻刻都会面临各种各样的价值选择。价值选择是人们认识世界、改造世界的基本前提。面对复杂多样、无限发展的世界，人们对于多方面、多层次、不断变化甚至互相冲突着的需要，优先满足哪一方面、哪一层次的需要，或者先认识什么，后认识什么，先改造什么，后改造什么，常常不是确定的、唯一的，而必须由人们自己主动加以判断、选择。例如，在社会经济发展的公平与效率之间，在企业追求利润回报与保护环境之间，在促进汽车工业发展和城市“治堵”“治污”之间，就常常存在不同的选项。这类情形，一般就是所谓的价值矛盾或价值冲突。这个时候，就需要立足人们所处的实际情形，通过评价、比较不同选项的优劣，而后审慎地做出科学、合理的决定。

价值选择的目的是为价值创造确定方向，如估量意义大小，权衡利弊得失，从而努力实现更大、更为重要的价值。

例如，“两利相权取其重，两害相权取其轻”。价值选择以价值评价为基础，但又不同于价值评价。评价主要是对价值的观念把握，选择则是实际的操作过程。价值选择也不同于价值创造活动，它是在多种可能的价值之间进行抉择，价值创造则是把选定的价值目标实现出来。价值选择构成了从价值评价到价值创造之间的纽带和桥梁，是理论回到现实、指导实践的一个中间环节。

二、价值创造与价值实现

——“梨子的味道好不好，你得亲口尝一尝”

价值具有鲜明的实践品格。

实践，而且只有实践，才是价值产生的真正源泉，也才是价值实现的现实途径。只有在生活实践中，一定的事物成为人们加工、利用的对象，满足人们物质的或精神的需要；或者一定的人为自己、他人或社会“服务”，帮助人们实现自己的理想和愿望，超越自我，才可能将其价值现实地呈现出来。

比方说，在荒无人烟的野地里长着一大片梨树，梨树上结满了梨子，如果没有人看到和吃到树上的梨子，梨子对于人的意义，或者说梨子的价值，就不可能真实地显现出来。只有当有人来到这个地方，发现了这些梨子，欣赏和研究这些梨子，用梨子充饥或解渴，或投资建厂对梨子进行各种加工、生产各种梨子产品时，梨子才真正满足了人们的需要，具体地表现出它的观赏价值、营养价值、经济价值……因此，我们可以说，“梨子好不好吃，你得亲口尝一尝”，“梨子有什么用，你得实际地体验一下”。而“梨子有没有用”，或者说“梨子价值”的实现，关键在于有人去现实地“变革”（欣赏、吃、加工等）它。

任何价值都存在潜在的价值与现实的价值之分。

无论是事物的价值还是人的价值，只有在人们的认识和实践活动中实现出来，才会从潜在的价值变成现实的价值。潜在的价值只不过是某种价值可能性而已，现实的价值才是真正实现了的价值。假如某位哲学大师创作了一部见识非凡的哲学著作，提出了一系列重要的哲学理念和观点，但是，如果该著作未能公开出版，哲学家也未向公众宣讲，从而不为人们知晓和掌握，那么对于大众和社会来说，其价值就只是潜在的而非现实的。

通过人们的生活实践活动将价值实现出来，这是价值评价、选择活动的归宿。可以说，这是一种更为重要的价值活动。毕竟，"做"或"行动"比单纯的"想"或"思考"更具现实性，也更有意义。正如古人所讲的，"一个行动胜过千句诺言"。同时，也可以说，这正是马克思"改变世界"的新世界观的宗旨之所在。意识到应该如何做人、如何做事有价值、有意义，诚然很好，但如果只是停留在头脑中，停留在口头上，而根本不付诸行动，那是没有什么意义的。我们不能做"思想的巨人，行动的矮子"。

从潜在的价值到现实的价值的过程，可能是人们的消费过程，但更重要的却是价值的生产或创造过程。

价值创造并不神秘。实际上，它和人们的生活实践过程是相统一的。物质生产活动是最基本、最常见的价值创造活动，它的目的在于满足人类的基本需要，维护人类的生存和发展，并通过生产力水平的不断提高、人们生活水平的不断改善，使人类逐步获得自由与全面发展。其次是以科学活动为核心的精神文化活动。这种精神活动既对于人类"有用”——在帮助人类实现自身生存、发展方面有用，又体现着人与社会的目的，标志着人与社会发展的程度。再次是调整和变革生产关系的活动。它的最终目标或理想境界，是消灭一切剥削和压迫，实现工人阶级和人类的彻底解放，使个体与社会都得到自由、全面发展。

在价值创造活动中，最典型的是那种创新性活动，包括思想创新、制度创新、科技创新、文化创新等。通过创新，可以创造、发明出新的价值，可以使既有的价值不断增值，从而使世界变得更加奇妙和丰富多彩，使人与社会得到实质性的发展和提升。在当今信息时代，创新具有的意义不断突显，它是一个民族屹立世界的灵魂，是一个国家兴旺发达的不竭动力，也是一个政党永葆生机的源泉。在世界竞争日趋激烈的今天，创新精神与能力已经成为一个国家、一个民族、一个政党发展程度的标志。

价值创造、价值实现是一种遵循人的目的、满足人的需要的活动，是人所特有的改变世界的活动。

在相当程度上，人们生存和生活的世界是人们自己创造出来的。与一般动物被动地、消极地适应环境相比较，自主、自由的价值创造、价值实现活动，既是人与一般动物之间的不同，也是人之为人的本质特征。在价值创造、价值实现活动中，人不只是消极、被动地适应环境，不只是自然的一个被选择者，而且是一个主动的、自觉的选择者和创造者。在价值创造、价值实现活动中，人不仅按照自己的意志和要求改造对象，使对象成为满足自己目的、需要的“为我之物”，而且也变革、提升了人自身。可以说，人是人自己选择、创造出来的。在价值创造、价值实现活动中，人们使对象与自身都体现着自己的目的、需要与意志，使人们的活动与动物的本能活动区别开来，使人从一般动物界“提升”出来。价值创造、价值实现本质上也是人们进行自我塑造、自我提升的活动，是使人们日益“成为人”，并不断得到发展的活动。正是由于这种活动，人超越了一般动物界，成为“万物之灵”。

三、做动机和效果统一论者
——好心为什么会办坏事

哲学史上曾出现过两种根本对立的价值观点：动机论和效果论。

动机是人们的价值活动的动因，它表示人们在价值选择时对某种价值的追求；效果则是人们的价值活动所造成的客观结果。在现实生活中，动机与效果有时是一致的。但由于主客观多方面的原因，在价值选择、创造活动中，有时也会出现效果与目的、动机相互矛盾、相互冲突的情况。有时，好的动机却产生了坏的效果，就像人们平常所说的“好心办坏事”“帮倒忙”；有时，坏的动机却产生了好的效果，就像人们日常所谓的“歪打正着”。

那么，在价值选择、创造活动中，究竟应该如何看待动机与效果呢？

——动机论者认为，“好心”是根本，除了诸如“善良意志”之类动机外，再没有什么可以称得上是道德的、有价值的。例如，一个人看到有人失足落水了，即使他没能成功地救起那个人，但是，如果他有救人的善良动机，并且尽力去救了，他的行为便是道德的。当然，如果一个人看到有人落水，只有相救的愿望，却不采取任何实际的行动，这种愿望和动机只能是空洞、虚假的，而称不上善的。不过，这种观点也会遇到一个问题，即人们的动机可能深藏在心里，既看不见，又摸不着，无法直接体察或加以证实。例如，一位医生一次又一次给病人诊断、开药，不但没有治好病，反而把病人给治死了。如果他一口咬定“我是好心”，那么又如何进行判断呢？

——效果论者认为，“好事”才是根本性的方面。虽然效果论一般并不否认动机的作用，但认为一个人的主观动机如何，与该行为是否道德没有关系。只要某一行为的结果是好的，那么便是道德的，便是善的。例如，见人落水，一个人极力将人从水中救起，即使他的动机是想得到他人的报酬，他能救人于死亡的危险之中，就是道德的。相反，一个人欺骗把东西托付给他的人，即使他的目的是要报答另一个对他更有恩惠的人，将别人托付给他的东西送人，他仍然犯了大错，应当受到道德上的严厉谴责。这种片面强调效果的理论，后来越来越走向了极端，认为只有行为的效果才是唯一应当重视的方面。于是，人们的价值观和道德修养问题，也就变得无足轻重了。例如，一位医生只是偶然治好了一位病患，而平时却没有对病人负责的精神，不刻苦钻研业务，这种一次性偶然的“善行”，对提升他的道德境界又有什么意义呢？

显然，任何孤立、片面地看问题的方式都是难以成立的。价值选择、创造活动是人的有目的的活动，从人的需要、动机、目的、手段一直到获得某种效果，这是一个完整的过程，不能割裂开来，孤立、片面地看。

——动机与效果既互相对立，又互相联系、相互转化。马克思主义价值论所主张的正是动机和效果统一论。在价值选择、创造活动中，动机与效果是辩证统一的。对于人们的价值行为，必须既看动机，又看效果。如果片面强调动机，就可能会把空想当作现实，把主观愿望当作客观准绳，把“好心”办成的坏事一律当作善行。如果只强调效果，不但会忽视人们的善心，而且会把某些动机良好，只是因为主客观条件不具备而造成坏效果的行为，看作是不道德的行为；甚至还会把那种误打误撞、“歪打正着”的伪善，视为善行加以肯定和鼓励。因此，只有坚持动机和效果的辩证统一，才能克服动机论和效果论的片面性。

——只有通过实践和实践检验，才能实现动机与效果的统一。动机与效果统一论不是简单地把二者并列起来，把二者的作用等同起来，而是始终强调动机和效果要在实践中相互联系、相互促进，强调实践及其结果的检验作用。任何人的任何道德行为，都是在对客观事物认识的基础上的实践活动。人们的动机不但在实践中产生，在实践中发展，而且还要受到实践的检验。人们的行为是一个从动机到效果的过程，也是一个不断实践的过程。真正好的动机，就要在实践中不断地校正、充实和发展自己。因此，只要不是执迷于幻想，尽管也可能发生动机和效果不一致的情况，但只要在实践中能够不断地总结经验教训，不断改进，创造实现良好愿望、良好动机的主客观条件，那么，最终是能够达到动机和效果的一致的。

对于“好事”和“坏事”，不仅要注重动机，而且要注重完整深刻的动机；不仅应该注重行为的效果，而且要注重长期、全面的效果，把行为的实效与行为的方式、过程联系起来进行考虑。

在现实生活中，首先应该尊重和提倡“心口如一”地说真话。能够光明正大地说出来，就有了可以检验和校正的对象。然后，要在生活实践中不断树立正确的观点，培养和提高判断善恶、是非的能力，随时反思和校正自己的行为，经过持续不断的努力，做出更多更大的“好事”。

应该承认，社会生活是纷繁复杂的，对动机和效果的判定也是十分复杂的，有时要想做到“观其名，察其实”，往往并不容易。有首古诗曰：“周公恐惧流言日，王莽谦恭未篡时，假使当年身便死，一生真伪有谁知？”圣贤周公（约前1100年—？）也曾被人误解，受到流言蜚语的困扰，而图谋篡位的野心家王莽（前45—23年）却因善于伪装，善于笼络人心，而曾备受推崇。作者以这两段史实为例，感叹人们的动机可能隐藏极深，辨别忠奸善恶确实非常之难。

我们不妨再举两个例子：

在某幼儿园里曾发生过这样一件事：有一位4岁的小女孩，经常把园里的布娃娃玩具悄悄带回家。她的妈妈发现后，严厉地批评了她，并为此深感不安，害怕孩子养成坏习惯。后来，这个小女孩对信赖的幼儿园老师讲了实话。原来，她是爱护布娃娃，害怕布娃娃夜里孤独、寂寞，才这样做的。对于这件事，小女孩偷拿公共财物虽然是不对的，但如果成人们不考虑小女孩的动机，而简单地认定她的行为是不道德的，将会严重伤害一颗多么善良的童心！

生活中还有一些相反的例子。有一首著名的儿歌唱道："我在马路边，捡到一分钱，把它交到警察叔叔手里边……"拾金不昧的行为的效果是高尚的。但是，如果只就行为的结果教育孩子，而不是从树立良好的思想动机入手，有时却会造成这样的后果：有的小孩为了得到表扬、嘉奖，就从家里拿钱甚至偷了钱来交给老师……这就完全变味了。

上述两个例子角度不同，但都深刻地说明，任何价值活动都必须坚持马克思主义的动机、效果统一论，否则就可能事与愿违，偏离价值活动的目的。

四、目的制约手段，手段服务目的

——目的纯正就可以不择手段吗

目的是指人们的价值活动所要满足的一定需要，是人们的价值选择、创造活动所力求实现的后果；而手段则是为达到目的所采用的条件、工具和活动方式。手段和目的是相辅相成的，任何目的都必须采用一定的手段才能得以实现。

一般说来，目的的确定直接关系到手段的确定，手段总是服务于目的的。

"目的是他所知道的，是作为规律决定着他的活动的方式和方法的，他必须使他的意志服从这个目的。"[1] 当然，手段也制约着目的，没有手段，人们的目的或目标也绝不可能实现。

有些人认为，只要目的正当，手段就自然是正当的。这也就是说，高尚、纯洁的目的可以为任何可能采取的手段辩护，并证明手段的合理性。例如，有些人认为，如果是惩处杀人犯、抢劫犯、恐怖分子等罪恶滔天之徒，就可以不太计较手段，有时严刑逼供、侮辱其人格与尊严，也是应该允许的。实际上，这是一种意气用事的观点。在诸如善与恶、正义与非正义之间，总是存在着本质区别和原则界限，这一点绝对不容混淆。不仅杀人、抢劫、谋财害命、奸淫妇女等是无可非议的"恶"，而且在任何情况下，严刑逼供、侮辱人格与尊严也不是"善"，不是正义。不明确这一点，判断善恶、明辨是非就没有标准，没有尺度，其结果将是善恶不分，是非混淆。可见，即便是为了实现高尚的目的和动机，也需要对手段的道德性质加以价值考量。

当然，人们的价值活动是具体的、历史的，常常面临各种具体的价值冲突，因而有时在善良动机下，采取权宜之计，甚至不得已时实施某一过分的举措，也是允许的。例如，为了不加重已经无法治愈的绝症病人的痛苦，医生和家人配合，对其隐瞒病情，大撒其谎就能得到人们的认可。有时为了达到某一高尚的目的，情急之下采用不道德的非常手段，就如同小说或电影中常见的，某地灾情严重，饥民嗷嗷待哺，可主管官员因索贿失败而找借口拒发救济粮，于是某一“义士”铤而走险，要挟或绑架赃官的宝贝儿子或女儿，迫使其下令开仓放赈。有时，为了维护广大人民群众的根本利益，实现其最高目的，暂时作出“道德上的妥协”，也是必要的……不过，这些情形都只能是权宜之计，只可以作为策略。这些行为本身因其目的、动机纯正而可理解、可原谅，甚至是可首肯的，但是，却绝不会因此而成为道德高尚的行为。

虽然目的、动机并不能证明手段的正当性，但是，目的对手段却具有决定性和约束力。这就是说，**在高尚的目的、善良的动机下，任何人都不能“不择手段”，特别是采取不人道、不道德、不合法的手段。**一个抱有正当目的的人，有时即使采取了不人道、不道德的手段，也会自觉地进行反思，在生活实践中予以纠正和弥补。只有当目的不纯正，甚至目的本身就在于骗人、害人、损人利己时，不人道、不道德的手段才可能继续下去。我国古代有则家喻户晓的故事：有个自称专治驼背的庸医，保证能使一切驼背者身体挺直。他的方法可谓“别出心裁”——用两块门板硬夹。结果，凡经他治疗的驼背们的背是直了，人却给夹死了。面对人们愤怒的责难，他还振振有词地狡辩：“我只说治好他的驼背，可没说管他的生死。”这位庸医的手段与目的的一致，只能说明其目的并不在于救死扶伤，而仅仅在于骗钱、害人而已。当今社会不少打着为人民服务的旗号，却行“卡人民脖子”之实的“公仆”；不少高举“义演”之招牌，却大肆索要出场费，甚至还偷税漏税的“明星”；其实质大抵都类同。问题都出在他们的目的上——目的并不纯正，并不道德，因而也就会不择手段，甚至无所不用其极了。

在社会实践中，也存在这样的情形，有时采取了不正当的手段，造成了不良后果，却并非是目的不当，动机不纯。“好心办坏事”“帮倒忙”的现象在现实中屡屡出现。产生这种“好心办坏事”现象的原因，一般是由于目的本身不明确、不科学，或者没有在目的和手段之间找到正确的结合点和由此达彼的桥梁。在发展日新月异的现代社会，光有纯正目的、善良动机，而没有实事求是的科学态度，不掌握大量的专业科学知识，没有先进的管理方式和经验，也是很难实现目的和动机的。历史与现实已经屡屡为人们提供这一方面的教训。例如，围湖造田多打粮食，这个目的好不好？但不尊重自然规律，造成八百里洞庭湖面积萎缩，蓄洪能力下降，一场洪水就会让损失超过收益许多倍。所以，有了纯正目的、善良动机还不够，还需要实事求是地调查研究，科学地分析和评估手段，合理地选择和运用手段；当手段的运用出现了与目的和动机不相符的情况，必须及时调适、修正手段；只有这样，才可能努力逼近善良动机，达到纯正目的。

在目的与动机端正的前提下，也应该坚持手段的必要的灵活性，解放思想，开动脑筋，不拘一格，不要思想僵化，因循守旧，束手束脚，坐失良机。

在有多种手段可供选择时，应该择其最优者而用之，绝不受任何陈规陋见，特别是不人道、不道德的价值规范的束缚。但是，坚持服务于目的的手段的灵活性，绝不是没有原则、没有任何约束的。手段必须服从、服务于目的，而不能损害目的，特别是根本目的。尽管这并不是一件简单的事，却是不能打折扣的原则。我国改革开放之初，有些地方的厂矿企业为了自身的安全，刻意雇佣一批恶名昭著、为害一方的恶霸流氓充当保安人员，自称是“不拘一格用人才”，但是，却不加必要的管理和教育，或者缺乏应有的约束机制，结果可想而知：或许厂矿企业自己暂时“安全”了，却给周边群众和社会种下了更大的祸根，让他人和社会付出了惨痛的代价。这类事例很多。以饮鸩止渴的手段、方式解决问题，结果无异于道德上的自杀行为。这里暴露出来的问题，恰恰不在于手段，而在于目的本身！

在目的、动机和手段、效果的关系上，首要而根本的是端正目的和动机。如果目的和动机是端正的，是道德高尚的，那么，手段或效果应该是可以调适的，也是应该不断加以调适的。

五、降低代价，创造最大的价值

——“塞翁失马，焉知非福”

《淮南子》中讲述过一个“塞翁失马”的故事。塞翁家一匹心爱的马儿走失了，亲友们纷纷前来安慰他。塞翁并不伤心，淡淡地说：“焉知非福？”不久，这匹马自己回来了，还带了一匹马回来。亲友们闻讯，又来向他道贺。塞翁却说：“焉知非祸？”果然，塞翁的儿子因骑马摔断了腿。可塞翁仍旧说：“焉知非福？”过了不久，战争爆发，青壮男子都得应召上前线，而塞翁的儿子却因跛脚而免除兵役，在乱世中保全了性命……

“塞翁失马”的故事在我国可谓家喻户晓，人人皆知。

它深刻地说明，事物的发展具有不确定性，好事和坏事是可以互相转化的。特别是，人们的价值选择、创造活动，因为是一种尝试性、探索性活动，常常难以单向、准确地预测它的后果。价值选择、创造活动往往具有双重效应，常常产生令人意想不到的后果。在若干可能的后果中，有可能是让人们付出一定的代价，甚至是十分惨重的代价。

创造价值和付出代价，是人们的价值选择、创造活动中互相依赖、互相制约的两个方面，是人类生存、生活和发展实践中的一对永恒矛盾。

创造价值着重指人们的价值创造活动及其创造的价值成果。它既是人们从事实践活动的主要目的，又是人们实践活动的主要过程和主要结果。代价是与创价相联系、相对应的另一极，指人们为了创造一定的价值而作出的舍弃、付出或牺牲，是价值活动中形成的负面效应。

在历史与现实中，无论是价值选择、创造的目的，还是手段、过程和结果，都存在着负面的情况。例如，为了眼前利益牺牲长远利益，“捡了芝麻丢了西瓜”，甚至“饮鸩止渴”，自取灭亡，在历史与现实中都曾经真实地发生过。目前人类面临的严重的环境污染、生态失衡、资源危机、粮食危机、贫富分化、人成为“机器的奴隶”，以及恐怖主义和战争等，都是人类价值活动导致的消极、负面的后果。可以说，人类的实践活动本质上就是付出一定代价以实现创价目标的活动，人类实践的过程是创价活动过程和代价活动过程的内在统一。在社会实践中，人们总是力图以最小的代价获取最大的创价，而合理的社会实践则必然和只能是以合理的代价实现合理的创价目标。人类的社会实践史，就是一部创价与代价相互矛盾、相互交融、浑然一体的历史。

人们在社会实践中对价值的追求、创造、享有与代价的付出、承担之间的矛盾，构成了所谓“创价—代价矛盾”。在现实生活中，创价—代价矛盾是任何价值活动中普遍存在的现象，它的形式多种多样，内容丰富多彩。

我们不妨以人们最为熟悉的经济创价与其可能付出的代价为例，进行扼要的说明：

——经济创价与资源环境代价的矛盾。经济活动是人类最基本的一种创价活动。在经济活动中，必然要消耗大量资源，付出一定的环境代价。而资源的过度消耗又会造成某些自然景观、物种的消失，造成空前严峻的环境污染和生态失衡。如果经济创价与资源环境代价的矛盾不能得到有效调和，如果空前严重的资源浪费和生态赤字不能得到有效遏制，那么，必然会严重制约经济增长，特别是使发展中国家的发展更加艰难，给子孙后代乃至人类带来无法挽回的灾难性后果。

——**经济创价与精神代价的矛盾**。经济发展是社会发展的基础。但一些人以经济现代化为衡量尺度，重视经济价值而忽视文化、道德、理想等其他价值，认为发展经济可以甚至必须以牺牲精神价值为代价。这种“代价论”隐含着：道德等精神价值并不是人类价值目标和社会发展的组成部分，也不能促进社会进步；精神创价对物质创价没有促进作用，甚至起着消极阻碍作用。精神代价的付出，不仅造成“道德滑坡”，造成拜金主义、享乐主义和极端个人主义泛滥，而且对于经济、政治体制的运行也是一种破坏。

——**经济创价与社会公平代价的矛盾**。经济创价活动总是力求实现资源的有效配置，追求经济效率，而社会公平则强调参与机会均等、发展成果分配合理、代价分配合理等，它们之间经常存在矛盾。如果效率优先，强调资源的优化配置和按效益分配，会使很多人从经济增长中受益；但是，在不同利益群体之间，不论是参与机会和享有成果的多少，还是付出或承担代价的大小，都存在着明显的差别，造成收入差距过于悬殊和不同程度的分配不公。从资源分配来说，一些人对资源的过度消耗，必然使其他人特别是后代人享有的资源量减少，从而造成资源代内分配和代际分配的不公。如果公平优先，过于强调机会均等和结果均等，不仅会造成资源优化配置的无法实现，从而影响效率，而且最终也会影响公平以及影响人类追求最高的价值目标。当前，世界各国大多强调经济优先，由此造成经济创价与社会公平代价的矛盾日益突出。

创造价值和付出代价之间的矛盾表明，人们的价值活动是十分复杂、多样的，往往需要承受风险，有时甚至要承担巨大的风险。

“有风险”意味着可能不成功，可能失败，可能得不偿失。然而，这一切毕竟只是“可能”。要想追求和创造价值，那么就必须敢于承担风险，不怕付出代价。“不经一番风霜苦，哪得梅花扑鼻香”，“不经历风雨，哪能见彩虹”，“不入虎穴，焉得虎子”……这都是人们长期生活实践经验的总结。如果害怕风险，不准备付出任何代价，那么就什么都不能做，也就永远也没有机会取得成功。在现实生活中，确实有那么一些没出息的人，自己从来不想做事，不爱做事，怕犯错误，怕付出代价；更有甚者，专门给做事的人挑刺，评头论足，“枪打出头鸟”。这类人的心理是阴暗的，行为是令人生厌的。

我国正处于加快中国特色社会主义现代化建设的关键时期。这是一项前无古人的开创性事业，注定了充满风险，不可避免要付出一定的代价。但是，如果不改革、不创新，那么生产力就不可能发展，综合国力就不可能提高，人民生活就不可能改善，难免仍旧落后、“挨打”。正因为如此，邓小平在南方谈话中大声疾呼：“胆子要大一些，敢于试验，不能像小脚女人一样。看准了的，就大胆地试，大胆地闯。……没有一点闯的精神，没有一点‘冒’的精神，没有一股气呀、劲呀，就走不出一条好路，走不出一条新路，就干不出新的事业。”[2]因此，敢于冒风险，勇于开拓创新，执着地做实事，才是对自己、对祖国、对人民负责的态度。

当然，如果确实判断失误，行动失败，在创新过程中“交了学费”，那么，我们也必须勇敢地承担责任。一定的代价往往是不可完全避免的，一味地强调客观原因，片面地强调代价不可避免，是消极的不思进取的宿命论。仅仅“勇敢地”表态“我负责”，实际上也是不够的，甚至是不负责任的鲁莽表现。这里关键的问题是，要认真分析付出代价的真正原因，从中吸取足够的经验教训，避免重蹈覆辙，再犯同样的错误。如果“交学费”之后没有“长见识”，那么这些学费就白交了，这样的人是不折不扣的“败家子”。而且，这样的人难免还会继续犯错误，还得继续“交学费”——如果有足够的“学费”供其支配的话。因此，加强对负面、异化甚至反人类的价值活动的反思、批判，不断总结经验教训，尽可能地降低代价，减少牺牲，是价值选择、创造活动健康发展的前提。特别是各级领导干部，如果只是让人民群众付出代价，承受牺牲，而不能让广大人民群众得实惠，过上富裕、幸福的生活，那么，就是不负责任，甚至是对国家和人民的犯罪了。

最后，还应该说明，**创价—代价矛盾的不断解决，只能由人们在价值活动中具体地、历史地实现**。正确的态度应该是，在价值选择和创造活动中，确立合理的价值目标，树立正确的风险意识和代价意识，以实事求是的精神和切合实际的行动，尽可能地降低代价，减少牺牲，实现对自己、对社会最大的价值。

六、坚持真理原则与价值原则的统一
——最蹩脚的建筑师也比最灵巧的蜜蜂高明

人们大多见过蜜蜂筑的巢，其结构之复杂、造型之精致、功能之完善、外表之美观，常常令最优秀的能工巧匠也叹为观止。小小的蜜蜂在筑巢时，没有使用任何工具，它们使用的仅仅只是自己弱小的身体，运用的仅仅只是自己与生俱来的身体器官。面对那些巧夺天工、美轮美奂的蜂巢，人们在赞叹之余可能会问，这可不可以说，某些动物的创造活动比人类更加“高明”呢？

我们可以肯定地说，不能。实际上，即使是最粗笨的人类活动，也高于动物“能工巧匠”们的“创造”！

为什么这么说呢？马克思一针见血地指出：“蜘蛛的活动与织工的活动相似，蜜蜂建筑蜂房的本领使人间的许多建筑师感到惭愧。但是，最蹩脚的建筑师从一开始就比最灵巧的蜜蜂高明的地方，是他在用蜂蜡建筑蜂房以前，已经在自己的头脑中把它建成了。”[3] 马克思进一步解释道，人的活动与动物的本能活动之间存在着本质的区别：“动物只是按照它所属的那个**种的尺度**和需要来构造，而人却懂得按照任何一个种的尺度来进行生产，并且懂得处处都把固有的尺度运用于对象；因此，人也按照美的规律来**构造**。”[4]

有些动物虽然“聪明”，拥有一些人类难以企及的能力，比如，有的力气比人大，有的跑得比人快，有的跳得比人高，有的动作比人灵巧，有的能够展翅飞翔，有的能够海中深潜……然而，无论这些动物的本领多么高强，但它们的活动都是由其生理本能、需要所支配的，它们只是无意识地适应大自然，本质上是与大自然相“同一”的。动物的生产、活动只遵循一个尺度，即它们所属的那个“种的尺度”。例如，蜜蜂采蜜是其本性，而传粉不是它主动所做的，花儿是否会结果，结什么样的果，不是它所关心的事；鸟儿做巢是其本能，但它只是衔来现成的枯枝、树叶，却从未想过要植树、造林，改善居住地的生态环境；蜘蛛结网是其生命本能，但只是直接受它的肉体需要——捕食需要的支配，被网住的小动物的种的兴衰，它根本不加理会……

而作为“万物之灵”，人的价值选择、创造活动则完全不同。人比一般动物“高明”的地方，在于人的活动不是盲目的，而是一种有目的、有意识的活动。人的活动不受“人”这一物种的限制，可以自由地“按照任何一个种的尺度来进行”。

概括地说，人的价值选择和创造活动主要按照两个尺度进行：一个是“对象的外在尺度”，即对象的本性、规定性与规律；一个是“人的内在尺度”，即人们自身的本性、规定性，包括“按照美的规律来构造”的“美的尺度”。并且，与动物只是盲目地、无意识地遵循自然本能的尺度不同，人的价值选择、创造是自觉的、有意识的活动。人比其他动物高明的地方，在于人能够自觉地懂得和意识到所遵循的尺度，并且懂得怎样处处都把内在的尺度运用到对象上去。

尊重“对象的外在尺度”意味着人们要了解、掌握世界的本质和规律，获得关于世界的经验、知识和真理，从客观事实出发，实事求是，依照事物的本性和规律认识世界和改造世界。这也就是要遵循“真理原则”。

尊重“人的内在尺度”意味着要了解人们自身的目的、

需要和能力，从人们自身出发，依照人们自己的本性、目的和需要进行评价、选择，创造和实现价值，变革世界，提升人们自己。这也就是要遵循“价值原则”。

真理原则与价值原则是人类活动特有的、作为其实质内容的基本原则，它们从不同的角度、方面，对人们提出了不同的要求：

遵循真理原则，就是要人们知道这个世界上“有什么”或“没有什么”，事物“是什么”或“不是什么”，事物的发展“可能怎样”或“不可能怎样”……这些客观的环境、条件、可能性等，是人们的价值活动的基础，规定着人们的活动的范围和运动的轨迹，即决定了人们能够干什么，不能干什么。遵循价值原则，就是要人们懂得什么是有意义的或无意义的，什么是合意的或不合意的，什么是值得的或不值得的，什么是必要的或不必要的……人们自身的这些主观因素，决定着一个人希望还是不希望做某事，提供了人们活动的动力和热情，并指引着人们活动的方向。

遵循真理原则，实际上就是要尊重那些客观的规律性、必然性，因为它规定着人们的价值选择、创造活动的可能性和方式。遵循价值原则，则是要注重“合目的性”的一面，因为它以内在的自觉自愿的要求，规范、引导着人们的选择和创造活动。

真理原则是从对象、环境和条件的角度提出要求，表明人们的价值活动的适应性、受制约性和现实性。这是价值活动的基础和条件。但是，它却不是人们价值活动的目的。如果仅仅停留在这一点上，就难免陷入宿命论，丧失人们的自主性、目的性和创造性。价值原则是从人们自身的角度提出要求，表明价值活动的自主性、目的性、创造性、理想性与超越性。但是，它难以克服和超越人们自身的局限和弱点。例如，人们的主观因素过分膨胀，会导致"唯我论""唯意志论"之类悲剧；将人们的需要等同于想要，则难免导致人们在生活实践中干蠢事。

可见，在人们的价值选择、创造活动中，真理原则和价值原则并不是相互孤立地存在和起作用的。它们之间尽管可能有矛盾、有冲突，但是，这些矛盾和冲突并不是纯粹对抗性的，并不是水火不相容的，不一定非要"吃掉一方""消灭一方"，才能达到矛盾、冲突的解决。也就是说，**在人们的价值选择、创造活动中，真理原则与价值原则不是相互对立、相互分裂的，而是可以有机地统一起来的**。人们在社会实践中，经常需要而且能够调动自己的智慧，发挥自己的主观能动性，通过创造性的自我调节，不断解决它们之间的矛盾和冲突，实现真理原则和价值原则的辩证统一。

结　语

价值选择、创造是人所特有的“变革世界”的活动，也是人进行自我塑造、自我提升的活动。价值选择、创造活动既是多样化的，也是纷繁复杂的。在具体的价值活动中，人们常常会面临动机和效果、目的和手段的矛盾，有时可能要付出一定的代价，要有所牺牲。这就要求人们在社会实践中，根据自己的利益和需要，发挥自己的聪明才智，努力减少损失，实现最大的价值。

人们的价值选择、创造活动要遵循两个尺度，即“对象的外在尺度”与“人的内在尺度”。尊重“对象的外在尺度”意味着要了解、掌握对象的本质和规律，获得关于世界的经验、知识和真理，即遵循“真理原则”。尊重“人的内在尺度”意味着依照人自身的目的、需要和能力进行评价、选择，创造和实现价值，即遵循“价值原则”。真理原则与价值原则是相互补充、相互贯通、相互导引、辩证统一的。在价值选择、创造活动中，必须实现“两个尺度”和“两大原则”的有机统一。一切割裂“两个尺度”和“两大原则”统一的做法，都只能增加风险，进而让人们付出沉重的代价。

注 释

1 《马克思恩格斯文集》第 5 卷，人民出版社 2009 年版，第 208 页。

2 《邓小平文选》第三卷，人民出版社 1993 年版，第 372 页。

3 《马克思恩格斯文集》第 5 卷，人民出版社 2009 年版，第 208 页。

4 《马克思恩格斯文集》第 1 卷，人民出版社 2009 年版，第 163 页。

用正确的价值观规范人们的言行

——马克思主义价值观

世界上只存在各种具体的历史的自由、民主、人权等价值观，根本不存在抽象的超历史的自由、民主、人权等“普适价值”。

价值观是人们在社会实践中，对各种各样的价值进行评价而形成的思想观念。它一旦形成，就成为人们的世界观、人生观的重要组成部分，渗入人们的一切价值活动之中，成为人们进行价值评价、选择、创造的导向、标准和依据，制约着人们的思想和行为。世界观决定人生观，人生观决定价值观。马克思主义世界观决定了马克思主义人生观，进而决定了马克思主义价值观。马克思主义价值观是马克思主义价值理论的核心。只有树立马克思主义价值观，才能抵制各种愚昧、腐朽、落后的价值观的侵蚀，使自己的思想和行为合乎时代和社会的要求，合乎广大人民群众的根本利益，推进人与社会的持续、协调、和谐发展。

一、价值观的力量

——一个普通驾驶员的精神世界

吴斌（1965—2012年），浙江温州平阳箫江人，大客车驾驶员。2012年5月29日中午，吴斌在驾驶大客车行驶于沪宜高速时，迎面飞来的制动毂残片砸碎前窗玻璃后刺入腹部致其肝脏破裂，但他仍强忍疼痛将车停稳，并提醒车内24名乘客安全疏散及报警。后被送往中国人民解放军无锡101医院抢救。2012年6月1日凌晨3点45分，吴斌因伤势过重抢救无效死亡，年仅47岁。

一位肝脏突然被刺破的驾驶员，是用怎样的意志力做到换挡、刹车、减速停车、打开双闪灯、叮嘱乘客安全疏散的呢？或许这只是他一串下意识的职业动作，但支配他做出这些动作的，一定是在多年学习、工作中养成的职业道德和高尚品格，在关键时刻体现了强烈的社会责任感。也正是这样一种职业责任感，这样一串下意识的动作，换来了一车乘客的安全。在突发事件一分多钟时间里的壮举，在医院弥留之际询问车怎么样、乘客怎么样的话语，充分展示了吴斌的职业素质和对人民的无比热爱、对事业的无比忠诚。吴斌是一位普普通通的汽车驾驶员，但平凡之中见伟大，危难时刻见真情。吴斌用生命诠释了立足岗位、尽职尽责的奉献精神，他是新时期的平民英雄，是百姓眼中的“最美司机”，是自觉践行社会主义核心价值观的道德楷模。

在中国革命和建设年代，类似吴斌这样意志坚定，不畏献出自己鲜血和生命的英雄志士何其多也！他们可歌可泣、高山仰止的所作所为，在中国历史上树立了一座座丰碑。是什么鼓舞着他们投身人民大众的事业，不畏辛劳、艰苦卓绝？是什么激励着他们甘洒青春热血？是什么支撑着他们以身殉志、视死如归？是他们内心中信奉和坚守的价值观，是他们的价值观中那种崇高的信念、信仰和理想在支撑着他们的整个人生！

所谓价值观，就是人们基于社会实践而形成和持有的关于价值的总观点、总看法，是人们的价值信念、信仰、理想、标准和价值取向的综合体系。

更具体地说，价值观是人们基于生存、发展和享受的需要形成的对于事物是否具有价值、具有什么价值的根本看法，是人们区分好坏、善恶、美丑、利弊、得失、荣辱、正义与非正义、神圣与世俗等的观念，是人们所特有的关于应该做什么和禁止做什么的规范。

或许人们在日常生活中不会提到价值观这个词，但价值观一点儿都不神秘。它存在于人们日常生活实践的方方面面，渗透于人们日常的饮食起居、婚丧嫁娶、为人处世、待人接物、学习工作、娱乐休闲等活动之中。同时，价值观也存在于一个宗教、民族、国家、阶级、群体等的结构和活动之中，作为相应的精神、规范、原则和标准等，构成一定社会意识系统的有机组成部分，是一定文化的“根”或文化系统的灵魂。经济观念、政治观念、法律观念、道德观念、宗教观念、艺术观念、生活习俗等属于具体、特殊层次上的价值观念。它们在一般理论层次上，可以进一步形成理论化、系统化的价值观念体系，如社会主义价值观体系。

信念、信仰和理想是最基本、最典型的价值观表现形式，它们构成了价值观的支柱和核心。

——信念是人们心目中关于事物一定会按照某种未来状态发展的观念，是人们对某种现实或观念抱有深刻信任感的精神状态。信念所揭示的内容总是同人们应当持有的态度和应当采取的行动有关。例如，“真理终将战胜谬误”，“善有善报，恶有恶报”，“正义的战争必胜，非正义的战争必败”，等等。信念是一种选择性的判断和认定，是一种巨大的精神力量。应该注意信念的思想基础是否科学、是否合理，只有反映了客观规律性、必然性和进步性的信念，才是一定能够实现的信念，也才是值得人们为之奋斗的信念。

——信仰是信念的进一步发展和强化，是人们的信念的

一种对象化表现。信仰具有明确的对象指向性，不存在无对象的信仰。信仰使人的整个精神活动以它为核心，形成一种完整的精神导向，并调动各种精神、心理因素为它服务，因而信仰是人生的“主心骨”，在人的精神活动中居于统摄地位，是人的价值意识活动的调节中枢。人生不能没有信仰，如果人处在“不自觉而又无信仰的状态，不可能有什么内容，他对真理、理性和大自然必定绝望”[1]。一个人缺失信仰，就如同没有灵魂一样。当然，信仰也有自觉与不自觉、科学与不科学、先进与落后之分。科学、进步的信仰是人生的导向和精神支柱。方志敏（1899—1935年）说：“敌人只能砍下我们的头颅，决不能动摇我们的信仰，因为我们信仰的主义，乃是宇宙的真理！”而不科学、落后的信仰，可能会造成人生道路和社会发展的方向性错误。要形成自觉的、科学的、先进的信仰，需要自觉地以先进的世界观和方法论、以人类的全部科学和文明成果为基础，需要在一定社会历史条件的基础上，经过长期的理论或实践探索，努力总结、把握和反省人类自身的本质力量和生存发展方向。

——理想是以一定的信念和信仰为基础的价值目标体系。这种目标体系以关于个人或社会的未来形象为标志，为人的价值追求提供着自觉的典范或“样板”。理想是信念、信仰中最高价值目标的具体形象，是具体实践着的信念、信仰。不同的人可能有不同的理想，有的层次高，有的层次低，有的自觉，有的盲目，有的鲜明，有的模糊，有的严整，有的零乱……他们的理想同知识、理智紧密结合在一起，成为指导和推动实践活动的精神力量源泉。理想的培育、确立和追求，是人的精神生活的最高层次。崇高人生理想的追求和实现，是人的生命的最高自我价值；崇高社会理想的追求和实现，则是人的生命的最高社会价值。古往今来，一切仁人志士正是在为崇高理想而奋斗中，成就了人生的伟业，也为社会作出了杰出贡献。

价值观作为人们内心中的一个内涵丰富的观念系统，具有多方面、多层次的作用。

——价值观是社会文化体系的核心，是社会意识形态的重要成分，是人的社会化的精神内容。人的本质在于社会性。个人的成长和社会化过程，就是通过实践和学习，不断接受和消费各种社会文化，由“生物人”成长为“社会人”的过程。社会化的结果，是人接受和掌握一系列经济、政治、宗教、文化等观念，获得一定的社会思想方式和行为方式，形成自己的明确而坚定的价值观。在一个社会中，一个人是否拥有明确而坚定的价值观，是判断其心理是否成熟、人格是否健康的标志。

——价值观是一定社会群体或组织的黏合剂，是社会认同的核心内容。在一个社会群体或组织中，人们对什么是好、什么是坏、什么是善、什么是恶、什么有利、什么有害等的评价性判断，对应该追求什么和舍弃什么、应该提倡什么和反对什么等的规范性判断，往往典型地表现了该群体或组织的价值意识。该群体或组织通过这些共同的价值意识把人们凝聚在一起，并通过感化、教育、宣传等各种手段，把这些观念灌输和传递给每位成员，内化为人们的行为规范，对人们的思想和行为产生直接或间接的影响。

——价值观是人们内心深处的评价标准系统，是人们的价值追求、取舍模式，在人们的价值活动中发挥着目标选择、情感激发、评价标准和行为导向的作用。一方面，它表现为信念、信仰、理想，凝结为一定的价值追求、价值目标，对人们的思想和行为具有定向、指导和调节作用，并提供人们活动的动力与激情。另一方面，它表现为价值尺度、评价标准，成为人们判断对象有没有价值、有什么价值的观念模式和框架，是人们作出价值评价、判断的“天平”和“尺子”，是人们进行价值选择、决策的思想根据。

——价值观的作用往往表现于既有科学知识的范围之外，科学知识不能包含、代替价值观的作用。甚至越是在科学知识达不到的地方，信念、信仰和理想就越具有不可替代的作用，对人们的思想和行为越是产生深刻的影响。著名物理学家牛顿（Newton，1643—1727年）是科学界的泰斗，他提出了万有引力定律和牛顿三大定律，建立了宏伟的经典力学体系，成为物理学发展史上的里程碑，并广泛而深刻地影响了当时的科学发展。然而，笃信神学的牛顿在生命的后四十年，却孜孜不倦地到上帝那儿寻找“第一推动力”，从而再也未能作出什么成就。牛顿的经历很是令人感慨，许多人甚至为之扼腕叹息。这或许说明了一个浅显的道理：无论科学如何进步，无论一个人的知识如何渊博，也不可能据此彻底解决信仰问题，解决人生观和价值观问题。这也是科学知识与价值观缺一不可的原因。

——与科学知识发挥作用的方式相比较，价值观发挥作用的方式也不尽相同，具有自身独特的特点。例如，价值观对人们的作用大多数时候是自发的，它积淀、内化在人们的心灵深处，渗透到哲学、科学、技术、文学、艺术、宗教、法律、制度以及风俗习惯之中，不知不觉、潜移默化地影响着人们的思想和行为。也正是因为这一点，思想政治教育工作经常需要结合其他工作进行，需要在日常生活中“春风化雨”，“润物细无声”。我国极左时期的那种暴风骤雨式的群众运动，表面上看似乎产生了“立竿见影”的效果，实际上并没有真正、彻底地解决深层次的问题。一旦形势发生变化，政治上的高压态势解除，社会重新回归正常状态，一切陈腐的东西往往死灰复燃，价值观建设还是得“从头做起”。

二、价值观的相对稳定性和流变性

——“观念一变天地宽”

人们常说，“观念一变天地宽”。改革开放三十多年来，我国经济快速发展，社会长足进步，人民生活极大改善，这无不与价值观的变化相辅相成、相关相连。除了政治、经济等宏观层面的“大变化”，即使从普通人的视角，人们也可以看到，改革开放前三十年和后三十年之间发生了巨大变化：在财富观方面，过去倾向“越穷越光荣，越穷越革命”，习惯了过穷日子，不想富、不敢富、不能富，今天则认为“贫穷不是社会主义”，提倡致富光荣，鼓励“先富起来”，主张“共同富裕”；在择业观方面，过去在平均主义“大锅饭”的影响下，人们死抱着国营、集体的“铁饭碗”不放，现在人们认可了自主择业，认为只要勤劳，不怕辛苦，不管干什么都一样；在消费观方面，过去讲究“节约闹革命”“一分钱掰成两半花”的艰苦朴素，今天的年轻人则敢于大胆花钱，甚至出现了大量“月光族”“负翁”，掀起了一场让老一辈胆战心惊的“消费革命”；在穿衣打扮方面，过去是“黑蚂蚁”“灰蚂蚁”“蓝蚂蚁”的“清一色”，是“新三年，旧三年，缝缝补补又三年”，今天的时尚青年则追求个性，拒绝“撞衫”，穿得“五彩缤纷、个性时尚”；在婚恋观方面，过去谈恋爱“不敢张扬”，羞于谈“性”，认可服从组织需要的“革命婚姻”，今天有些年轻人已在尝试“网恋”“网婚”“闪婚”“闪离”，婚姻形式事实上已趋多样化，性观念日益开放……从中可以看出，人们的价值观确实正在发生急剧改变，并且由于这种种改变，社会正变得“熟悉而又陌生”。当然，有些价值观是向健康的、科学的、正确的方向变化的，有些则恰恰相反。

改革开放前后价值观的巨大变化说明，任何人的价值观都不是先天固有的，也不是头脑中主观自生的，而是后天在一定的社会环境、社会活动中逐步形成的。**作为社会意识系统的有机组成部分，价值观是一定时代的产物，是一定时代人们的社会存在、社会实践、生活经历的反映和表现，是一定时代文化传统、生活方式、风俗习惯、社会心理等因素潜移默化地濡染和熏陶的结果。**

在人类社会历史上，一种价值观形成之后，往往又会成为社会意识的一部分，成为一个文化系统的“深层结构”，具有一定的历史延续性和相对的稳定性，对人们的社会生活产生反作用，在相当长时期内影响和支配人们的思想和行为。

值得注意的是，一定社会的价值观经过长期的历史传递和文化心理积淀，就会形成一定的文化传统。这种文化传统经过教育和熏陶，可能长期占据人们的头脑，不会随着社会的变化而迅速发生改变。在社会变革时期，文化传统可能演变为一种“巨大的保守力量”或“惰性”，阻碍人们的思想和行为及时发生变化。例如，当代中国的社会主义改革就受到根深蒂固的教条主义、等级特权观念、平均主义观念等的影响。想要真正消除这种影响，有时是极其困难的。

不过，价值观的稳定性或“惰性”是相对的。毕竟，任何价值观都不可能一成不变。**无论是一个人的价值观，还是某一宗教、民族、国家、阶级、阶层、职业的价值观，都是一定时代人们社会生活实践的产物和表现，它必然会随着时代和社会生活实践的发展而发展、变革而变革，并随时接受社会生活实践的检验、修正和完善。**因为人们的观念、意识作为社会存在的反映，总是会随着人们的生活条件、人们的社会关系、人们的社会存在的改变而改变。

历史的车轮滚滚向前。回顾人类社会发展的漫长历程，我们不难发现，价值观的不断变迁和更替，体现为一个不断追求和实现美好理想的过程。

在原始社会，以石器为主的生产工具极为简陋低效，生产力水平极为低下，人们的劳动与生活范围狭小，生存条件极为恶劣，因而只能以群居方式生活在一起，共同劳动、共同消费，没有多少剩余产品，没有私人财产，实行的是原始的公有制。因此，在原始社会，一方面，出于对自然的恐惧与敬畏，出现了形形色色的图腾，形成了许多禁忌，以及敬天畏命、顺从自然之类的观念；另一方面，原始的公有制又导致人们形成原始的公平观念、乐群意识、协作观念等，又由于没有私有财产，因而也还没有产生私有观念、利己意识，等等。

在奴隶社会，由于铜器等生产工具的使用，生产力水平有了较大的提高，出现了剩余产品，这使财产私有成为可能。于是，社会分化为两大对立的阵营，奴隶主拥有一切生产资料和生活资料，奴隶作为"会说话的工具"，也是奴隶主的私有财产，为奴隶主所有，私有观念被极大地强化了。整个社会以奴隶主的意志为意志，占有与依附、统治与服从等观念成为主流，强烈的社会规范与秩序意识萌生与发展起来。

在封建社会，由于铁器以及简单的机械工具的广泛使用，生产力水平大大提高。以家庭为单位、以养家糊口为目的的自给自足的自然经济、小农生产方式成为主流。这一方面把人们限制在一定的土地上，生活来源主要依赖于男耕女织式的农业劳作，使得人们长期生活在相当闭塞的环境中，形成诸如安土重迁、安贫乐道、重农轻商、重义轻利等根深蒂固的封闭、保守心态和观念。另一方面，在此基础上，形成了以“家庭本位”为核心的封建宗法等级制度，家长、族长、各级官吏和皇帝构成一种金字塔式的等级体系，对经济单位（家庭、家族和国家）和权力的依附成为封建文化的一大特色。与之相适应，封建主义思想家们竭力维护、论证这种制度的合法性，使得整个社会重等级秩序、重权力，竭力追求权力成为整个社会价值实践的核心。

在资本主义社会，由于科学技术的迅速发展和大机器的广泛使用，生产力获得了巨大的飞跃式发展。对发财致富和超额利润的不懈追求，使人们的兴趣从土地转向了市场，从农业转向了工业和商业，商品经济逐渐成熟。资本主义在“仿佛用法术”从地下呼唤出巨大财富的同时，也打开了一个新的“潘多拉盒子”，新的价值困惑、价值冲突、价值危机广泛产生和蔓延。资本主义带给劳苦大众的并不是其所标榜的“自由、平等、博爱”，并不是滚滚而来的财富与幸福生活，而是极其残暴、野蛮的掠夺和剥削，是“人为物役”、人的异化的残酷现实。金钱成为资本主义社会生活中最具魅力的东西，也是最有影响力的东西，对金钱的疯狂追逐是整个社会价值生活的中心和目的。在这个社会中，金钱关系或利益关系成为最普遍的价值关系，金钱成为人们评估一切的最主要、最核心的标准，一切社会秩序也都依“资本的自由”和“金钱的自由”而建立起来。“一切向钱看”“有奶就是娘”等“金钱拜物教”日益成为社会上普遍的价值取向。这正如马克思、恩格斯尖锐抨击的那样：“它使人和人之间除了赤裸裸的利害关系，除了冷酷无情的‘现金交易’，就再也没有任何别的联系了。……它把人的尊严变成了交换价值，用一种没有良心的贸易自由代替了无数特许的和自力挣得的自由。”[2]

处于实践摸索过程中的共产主义价值观，是人类价值实践和价值思想发展的最新成果。它是在无产阶级反对资产阶级、建设社会主义的实践中，在“吸收和改造了两千多年来人类思想和文化发展中一切有价值的东西”[3]的基础上形成和发展起来的。19世纪30—40年代，资本主义生产方式在英、法等欧洲国家占据了统治地位，社会的主要矛盾已经集中在资产阶级与无产阶级身上。以欧洲三大工人运动为标志，一无所有的工人阶级开始觉醒，并作为独立的政治力量登上了历史舞台。马克思、恩格斯热切地关注、支持和参加工人运动，通过破译人类社会历史发展的一般规律，揭示了共产主义必将取代资本主义的客观规律；通过创立剩余价值学说，深刻揭露了资本家剥削工人的秘密，批判了资本主义制度及其价值体系的基础；在此基础上，第一次创造性地提炼出了反映工人阶级根本利益、指导工人阶级革命实践的共产主义价值体系。

共产主义价值体系是指导无产阶级革命和建设的明灯和纲领。它的价值理想在于，通过无产阶级革命和建设，消灭剥削，消灭压迫，最后消灭一切阶级和国家，实现全人类的彻底解放；全体人民当家作主，成为平等、自由和人格独立的社会主人；消除旧式分工，劳动成为自主的活动和人们的“第一需要”，人们“各尽所能，按需分配”；每一个人都获得自由而全面的发展，并且“每个人的自由发展是一切人的自由发展的条件”[4]……由于工人阶级没有自己的私利，工人阶级与全人类的利益是一致的，从根本上说，它代表的就是全人类的价值理想。

这一建立在唯物史观基础之上、反映工人阶级的根本利益和需要的价值蓝图，既不同于唯心主义或旧唯物主义的价值观，也不同于封建主义、资本主义的价值观。它特别强调对一切人剥削人、人压迫人的非人道的私有制社会以无情批判，而以人类的解放和人的自由全面发展为最高宗旨。它是人类历史上最美好的价值理想，体现了一种深厚的人文关怀，体现了一种无上的责任意识，体现了一种高度的历史使命感。它必然激励一切正直的人们为之奋斗终身！

当然，自从马克思、恩格斯创立共产主义价值体系之后，共产主义价值体系的实践确立过程并不是一帆风顺、一蹴而就的。它必然要经历一个从不完善到比较完善、从空想到科学的过程，经历一个长期、曲折的与时俱进的发展过程。从空想社会主义的价值设想，到科学社会主义科学价值观的产生，到在社会主义建设实践中对社会主义价值观的探索和培育，再到中国特色社会主义实践中社会主义核心价值观的形成……在这些具体的践履共产主义价值理想的社会实践中，作为共产主义价值体系雏形的社会主义价值体系，历经波折，正在逐渐完善起来，不断得到丰富和发展。当前我国社会主义初级阶段的社会主义核心价值体系、核心价值观建设，是建设中国特色社会主义的有机组成部分，是我国建设共产主义价值观的伟大尝试。

三、立足多样化，弘扬主旋律

——“一花独放不是春，百花齐放春满园”

“一花独放不是春，百花齐放春满园。”文化与价值的世界就像一个色彩缤纷的“百花园”，再灿烂、再绚丽的一花独放，也会显得贫乏和单调，缺乏生气和活力，甚至可能令人产生一种肃杀的感觉。真正的繁荣，必须是百花竞放，各呈风姿，万紫千红，春色满园。因此，在文化价值观领域，同样需要多样化、个性化，需要“文化生态的平衡”，需要不同文化价值观的交流、沟通、竞争与合作。

实际上，由于价值观是一定文化积淀和生活实践的产物，是人们的利益、需要等在心理、思想和行为取向上的反映，因而它确实具有鲜明的个性、多样性。在一定社会历史条件下，由于人们所继承的文化传统不同，所处的生存发展条件不同，各自的生活实践方式不同，阶级立场、社会地位、生存方式、生活经历、利益、需要和能力不同，因此，不同宗教、民族、阶级、阶层和群体往往具有不同的价值观，不同个人的价值观也不尽相同。他们都有自己独特的价值信念、信仰、理想，都有自己特有的价值标准和价值取向，甚至可能带有较浓厚的个性化和情感化色彩，不可能完全等同或彼此替代。

在人类社会存在着多样化的文化传统、差异化的生存条件的情况下，在不同人之间存在多样化的活动方式、多样化的利益差别、多样化的角色分工等的情况下，**价值观的差异与多样化是一种不可避免的现象，也是一种普遍的客观现实。**

在世界范围内，多样化的价值观集中体现了各个宗教、民族、国家、地区、阶级、阶层等的经济、政治、文化倾向，反映了不同宗教、民族、国家、地区、阶级、阶层等之间在经济模式、政治体制、文化观念方面的差别与对立。坚持有自身特色的价值观，与维护一个宗教、民族、国家、地区、阶级、阶层等的地位和利益密切相关，与其前途和命运密切相关。甚至可以说，不同价值观之间的比较、交流与融合，也只有在符合一定宗教、民族、国家、地区、阶级、阶层等的利益的基础上才能进行。因此，“文化价值观之争”并不简单，它往往是不同宗教、民族、国家、地区、阶级、阶层等的经济、政治之争的继续，是相互之间竞争的更为深层的表现，关系到相应价值主体的前途与命运。

从我国国内来说，在目前社会主义初级阶段，56个民族、持有不同信仰的宗教、多种社会阶级阶层、发展程度不同的地区、不同行业或职业、各种社会团体乃至不同的个人，等等，成为中国特色社会主义建设所面对的多样化、多层次价值主体。他们的经济状况、生活环境、思想认识、文化素质、心理特征都有所不同，在具体的利益、需要和能力方面也表现出多样化的差别。在这种复杂的情况下，人们的价值观的差异与多样化是一种正常的现象。事实上，人们也不难观察到，各个不同的民族有其自身的文化传统和风俗习惯，各种不同的宗教有其各具特色的信仰信念和规范戒律，各种不同的社会阶级阶层有其自身的现实利益和价值追求，发展不平衡的各个地区要求有符合其具体情况的发展路径，各种不同的行业有其具体的职业特点和关注重心。至于不同的个人，在社会主义市场经济大潮中，更是会随着自己信念、利益、需要、兴趣、条件、能力等的不同，发掘自己多方面的潜能，努力追求自己的独特价值。例如，今天自我意识强烈的青年一代，穿衣服都拒绝“撞衫”，个性化已经成为他们展现自我、实现自我的方式。

在这种情况下，必须站在时代前列，尊重和承认一切合理的价值标准和价值取向，避免简单地强求一律，杜绝粗暴地强加于人。始终倡导和坚持价值标准、价值取向的开放性、多样化，“形成与社会主义初级阶段基本经济制度相适应的思想观念和创业机制，营造鼓励人们干事业、支持人们干成事业的社会氛围，放手让一切劳动、知识、技术、管理和资本的活力竞相迸发，让一切创造社会财富的源泉充分涌流，以造福于人民”[5]。这有利于调动最广大人民群众的积极性，实现大众创造力的充分涌流；同时，也有利于人们确立应对多样化现实的健全心态，自觉地保持科学、严谨、宽容、求实的作风，杜绝各种简单化和极端化的做法，构建充满生机与活力的社会主义和谐社会。

不过，仅仅承认价值观的差异和多样化是远远不够的。虽然在历史与现实中，确实存在着价值观多样化的现象，但是，这并不意味着一切多样化，甚至互相对立的价值观都是正确的和合理的，都有着相同的前途和命运。实际上，在现代社会中，正如前面曾经说过的，有些人的价值观是十分混乱的。例如，有些人信仰缺失，没有什么不敢干的，连起码的道德底线都没有，胡作非为，无恶不作；有些人的价值信念、信仰是违背科学和社会历史发展规律的，诸如封建迷信沉渣泛起，各种邪教兴风作浪，明显背离了科学原理和科学精神；有些人认同“资本的逻辑”，认同拜金主义、享乐主义和极端利己主义等非理性、自私自利的价值观，沦为“金钱的奴隶”，追求穷奢极欲、花天酒地的生活方式；更有一些社会破坏分子和恐怖分子，彻底走到了人民的对立面，他们的价值观是反社会、反人类的，他们的行为是对社会秩序和人民生命的巨大威胁；等等。诸如此类的价值观是愚昧、落后的，甚至是腐朽、反动的，终将被广大人民群众所唾弃。正因为如此，我们绝不能因为客观存在的价值观多样化的事实，就放弃应有的立场，放弃肩负的责任，对那些愚昧、落后、腐朽、反动的价值观听之任之，无所作为，对宣传和倡导科学、合理、先进的价值观缺乏热情，丧失信心。

当然，**创建中国特色社会主义的主流价值观与尊重人们多样化、个性化的价值观不是对立和割裂的，而是相互联系、相辅相成、辩证统一的。**必须将“尊重差异、包容多样”和弘扬主旋律结合起来，在尊重人们合理的多样化价值观的基础上，坚持共产主义远大理想和中国特色社会主义共同理想，根据社会主义市场经济的发展规律和要求，利用舆论导向、利益机制以及道德和法律约束机制等，对人们多样化的价值观加以引导和调节，对腐朽、落后、反动的价值观进行抵制和批判，从而在中国特色社会主义建设过程中，确立代表先进社会生产力发展要求、代表先进文化前进方向、代表最广大人民根本利益的社会主义的先进价值观的主流地位和主导作用。倡导和弘扬社会主义核心价值观，是建设中国特色社会主义文明的客观需要。

四、坚持法治与德治相结合
——对突破“道德底线”的恶行说“不”

在当今中国改革开放、社会深刻转型的背景下，人们的价值观呈现出十分复杂的状况。某些领域的价值观之混乱、无序，某些人的价值观之堕落、无耻，令人难以想象。面对这些不容乐观的现象，在社会主义核心价值观建设过程中，确实需要拿出有效的办法来。

具有制度约束性的社会治理方法是法治。在现代社会中，法治是民主的科学化、制度化形式及其实现，是民主和人权的“保护神”。它将全体人民的主体权力和责任以规范化、程序化的形式固定下来，并加以普遍、长期、稳定的实现。

法治首先体现为法制，即国家制定的一整套法律规定和条文的制度体系。据此，既可以保护所有合法的人和事，维护人们的基本权力和正当权益不受侵犯；同时，又可以对那些严重损害他人或公共权益、激起民愤的典型违法行为，予以坚决的、及时的惩治和打击。只有这样，才能保障基本的价值和社会秩序，还社会以起码的公平和正义。正如韩非子（前281—前233年）所说：“释法术而任心治，尧不能正一国；去规矩而妄意度，奚仲不能成一轮；废尺寸而差短长，王尔不能半中。”[6]例如，面对那些挑战道德底线的无耻行为，如果政府及相关官员冷漠旁观，听之任之，任其泛滥；执法机构“缺位”，无动于衷，“多一事不如少一事”，那么，是绝不可能止恶扬善、建立基本而良好的社会和价值秩序的。

法制必须进一步发展为法治，即落实法制，依法制理性地治理整个社会，建设社会主义法制国家。例如，对于挑战道德底线的无耻行为，不能意气用事，不高兴时就狠狠地“严打”，平时又“多一事不如少一事”；舆论压力大时就“特事特办”，民众注意力转移了，就高高挂起放任不管；而是必须依照一定的法律规范和程序，经常化、制度化地进行治理。让依法治理成为常态，才真正体现了一个社会的法治水平。在一个成熟的法治社会中，法律本身的健全程度，社会执法的水平，以及公众对法的意识等，一定程度上体现着人的发展水平和社会的文明程度。一个违背法的精神和理念的社会，一个没有实现法治的社会，可以说，是一个缺乏良知、没有正义的社会。在这样的社会中，根本谈不上正确价值观的实现和良好的价值秩序的建立。

与法治相联系，更加触动人们心灵的是德治。**德治旨在普遍地提升一个人、一个社会的道德水准，让人们严格自律，自觉“慎独”，抵制各种“缺德”行为，努力做有德之人。**

当前社会上挑战道德底线的无耻行为一再出现，说明有些人的道德防线已经彻底崩溃，整个社会的道德水平已经岌岌可危。这也说明德治方略需要进一步完善、进一步落实。因此，在这个曾经的礼仪之邦重提德治，必须首先对整个社会的道德状况有一个新的诊断，全面加强德治建设。

反思多年来我国的道德建设，可以发现，我们在道德价值观教育和管理方面的主要缺陷，就在于“重规范、轻人格”。包括在近年来，我们强调法治，比较多的是单纯向人灌输具体的道德、法律之类规范，而不大注意尊重人们的道德人格，不善于把它同培养健全的道德人格、同锻炼正确地进行道德选择的能力结合起来。这样的道德观和价值观教育、管理方式很难取得长远、稳定的良好效果。例如，为了急功近利地达到明显收效，往往采取简单粗暴的方式；生硬地要人遵守某些规则，却很少以平等的身份与人一起思考为什么应该这样做；用各种规范指责或褒扬人的行为时，往往不注意个人的个性和选择权力，等等。典型的表现是在教育孩子时，家长和老师们总是居高临下，只是告诉孩子“应该怎样，不应该怎样”，甚至用“你必须……”这种家长式的口气下命令；而不注意从孩子本身的实际出发，不注意培养孩子自己进行道德选择的能力，从而伤害了孩子的道德人格意识。这种倾向无意中就在培养某种被动型、依赖型、甚至强迫型的道德人格。这样做虽然可以见效于一时，但从长远看，却会养成麻木、脆弱甚至虚假、逆反的道德人格，反过来加剧正确的价值观、人生观实践的难度。

“道德人格”主要是指人们的道德主体意识，包括追求高尚道德的内心动力和自律意识，道德选择的权力感、责任感，独立进行道德选择的能力自信和人格尊严等。道德人格同道德、法律规范相比，是更深层、更基础的道德意识。在社会生活中，现实的道德、法律规范不仅是多元的，而且是多层次、多样化的，如果仅就规范讲规范，常常举不胜举、挂一漏万、陷于被动。而有了一种健全的道德人格，使人对道德选择和追求有一个自主、向上、严肃、负责的态度，并通过实践锻炼培养起独立自觉的判断能力，情况就会大不一样。

为了教育、培养人们健全的道德人格，需要特别强化和改进教育、管理行为的道德示范功能。以往在道德教育、管理的方式和方法上，比较多地依靠灌输和说教，而对各种教育、管理、灌输的方式中所包含的示范、暗示作用，则缺少必要的省察和研究。实际上，从客观效果方面看，人们接受一种价值观、道德观，主要不是听你怎样说，而主要是看你怎样做；特别是青年人接受价值观、道德观，不仅看上一代人是怎么说的，而且更看上一代人是怎么做的。俗话说："身教重于言教。"成年人在教导青少年的同时自己怎样做，社会管理和教育者在宣扬一种道德时，自己是如何体现这种道德风貌的，往往能产生一种"润物细无声"的潜移默化的效果。例如，用人做事公正负责，组织活动守时高效，处理事务理智宏达，宣传媒介诚实可信，干部教师平等坦诚、严以律己等，包括警察"纠正违章先敬礼"这样的细节，往往会比说教更有力。而动辄禁止、罚款、批评、惩治等简单生硬、缺乏道德反思和自我批评精神的管教式做法，对于大众来说，往往暗示着失去了道德上的自信和宽容。其结果，有时甚至会产生一些相反的示范作用，引发大众的不满，加剧社会的道德危机。

最后应该指出的是，**社会价值观方面的综合治理、整体提升，还是需要坚持法治与德治相结合**。法治与德治是相互联系、相互依存、相辅相成的。在现代社会，既要以强制性的法治为基础和前提，坚持依法治国，依法办事，同时，也应该充分发挥道德调节机制的作用，将法治与德治有机地结合起来。法治与德治的有机统一，也就是他律与自律的完美统一，是人向着自由全面发展境界的努力提升。

五、西方的“普适价值”并不“普适”

——“枪炮声不是人类的‘普适音乐’”

和平与发展已然成为当今的时代主题。不过，如果你仔细地亲耳聆听，就会发现，世界其实并不安宁，也并不太平。伊拉克、阿富汗、利比亚、叙利亚……枪炮声此起彼伏，不绝于耳。

隆隆的枪炮声主要来自同一个方向——势力强大的美国和以美国为首的“北约”：1991 年，发动海湾战争；1995 年，轰炸南斯拉夫；2001 年，出兵伊拉克；2003 年，攻打阿富汗；

2011年，轰炸利比亚……通过各种现代传媒，刺耳的枪炮声每天都回响在人们的耳边，暴力、血腥的场景每天都冲击着人们的视线。许多人都已经司空见惯、习以为常了。

善良的人们可能忍不住要问：为什么会有这么多残忍、血腥的战争？为什么总是西方发达国家肆无忌惮地以强凌弱？为什么总要殃及弱国的无辜平民？如此之多的流血牺牲如何避免？这个世界上是否还有公平和正义？

发动战争、狂轰滥炸的“北约”，特别是充当“世界警察”的美国，当然有着各种各样“高尚的理由”，就像当年他们的祖先开着铁甲舰，扛着洋枪洋炮，在世界各地横冲直撞、占领土地、烧杀掠夺，也有喊得震天响的理由一样。那时据说是“为了传播文明之光，开化野蛮人”。而现在呢，他们的理由更加冠冕堂皇，更加美妙动听：“为了推广自由、民主、人权之类‘普适价值’！”

然而，美国和西方叫嚣的“自由、民主、人权”真的是所谓的“普适价值”吗？刺耳的“枪炮声”也可能成为全人类喜爱的“普适音乐”吗？……这些关系到每个宗教、民族、国家、地区等的“大问题”，一定得有个明确的“说法”。

实际上，自由、民主、人权等都是具体的、历史的，表现为一个一个具体的、特殊的过程，没有抽象的超历史、超时空、超国情、永恒、静止、普适的自由、民主、人权。

不妨以民主为例。

民主，作为一个社会历史现象，是一般与特殊的统一体。理解何为民主，不能将一般与特殊割裂开来。民主是有其共性、一般性和普遍性的，但现实生活中并没有离开具体民主而单独存在的抽象的、超历史、超时空、“普适”的民主，这就是民主的个性与共性、特殊与一般、个别与普遍的辩证关系问题，我们可以统称之为民主特殊与民主一般的对立统一。民主特殊就是指现实生活中存在的个别的、具体的、历史的民主，如中国共产党的党内民主、西方资产阶级的政党民主等；民主一般就是指寓于民主特殊之中的民主的共同属性。民主一般只是存在于民主特殊之中，是一个一个具体的民主相比较而体现出来的共同的属性，是具体民主的一般表现。

民主是具体的、历史的。所谓民主是具体的，就是说民主是一个一个具体的特殊的客观社会存在，如中国特色社会主义民主政治、美式资产阶级民主政治、英式资产阶级民主政治等，没有脱离具体的、个别的、特殊的民主而单独存在的一般的、抽象的、普适的民主。所谓民主是历史的，就是说民主是一定历史条件下的产物，是随着时代的发展、历史的变迁、实践的推移而不断变化发展的，民主表现为一个历史过程，没有永恒的、不变的、绝对的民主。民主，作为政治制度的民主政治，作为观念形态的民主思想，作为从属于民主政治制度的具体形式、程序和规则，都是一定历史时代、一定特殊国情、一定具体条件的产物。它是历史地形成的，有一个生成、完善的过程，是与某一具体国家、具体政党、具体阶级、具体人群相伴生的。

每一具体的民主政治、民主思想、民主形式、程序和规则，都具有其内在的、与其他民主相比较而共同具有的属性。民主是有其共性、一般性和普遍性的。但在现实生活中，所谓民主政治、民主思想、民主规则，都是存在于具体的国家、具体的阶级、具体的政党、具体的人群乃至具体个人之中的，离开具体的国家、具体的阶级、具体的政党、具体的人群而单独存在的所谓民主一般是不存在的。这就好比离开活生生的具体的个人的所谓灵魂是根本不存在的一样。

当然，不能因为民主的具体性、特殊性、个别性和历史性而否认不同民主的共性、一般性和普遍性。我们只是反对把民主一般说成是脱离民主特殊的所谓超历史的、超阶级的、普适的民主，并不反对说每一个具体的民主具有共性、一般性和普遍性。

把人的认识过程中的任何一个片段绝对化，就会走向唯心主义。个性与共性、具体与一般、特殊与普遍的关系反映了人的认识过程、认识规律。一般来说，人的认识是从认识个别、具体、特殊的事物开始的，经过实践、认识，再实践、再认识，从感性认识到理性认识，再从理性认识到感性认识的反复过程，才抽象出对一个一个个别的、具体的、特殊的事物的共性、一般性和普遍性的认识。人对事物的认识，总是从个别、具体、特殊认识开始，个别的、具体的、特殊的东西认识多了，才进一步从中比较而抽象出具体事物中所蕴含的共性、一般与普遍性，从而提升为共性的、一般的、普遍的概念。比如说，桃子，人们是从具体的蟠桃、毛桃、水蜜桃等各种不同品种的具体桃子中，从大桃、中桃、小桃等多种形状不等的具体桃子中认识到桃子的共性，然后把具有这些共性的东西统称为桃子，这就是桃子概念的形成。当然，从生物科学来说，具体桃子是具有共同的基因条件的。谁吃过抽象的桃？人们吃过的都是具体的、形态千差万别的个别实体的桃子，而没有吃过桃子概念，即桃子一般。抽象的一般桃子并不等于具体桃子本身。如果只让一个人吃桃子的共性，他是吃不到桃子的。从认识论上来说，无限夸大人对具体桃子的共性抽象认识这个认识片段，实际上就走到了唯心主义结论上去了。

拿民主政治来说，如果离开具体的历史条件、时空环境、发展过程，而把某一历史阶段的民主制度作为适用于一切历史阶段的民主，把某一国家的民主制度作为适用于一切国家的民主，是不现实的。普遍适用于一切历史时代、一切国度、一切阶级、一切政党、一切群众的民主制度是不存在的。“橘生于南而为橘，植于北而为枳”，离开了具体土壤、具体的环境、具体的条件、具体的过程，橘就不是橘而为枳了。美式民主是根据美国国情、美国资本主义发展需要和美国资产阶级要求，以及美国人民可接受程度，在美国民族解放和独立战争以来所逐步形成的以两党议会制为特点的民主。不要说它与社会主义国家的民主不同，就连与同是资本主义的英式民主也不同。英式民主是君主立宪式民主政治，是英国资产阶级不彻底革命的妥协的历史产物。英式民主与美式民主同样是资产阶级民主，但由于历史条件不同，它们也是不尽相同的。当然，无论美式民主与英式民主，它们都具有资本主义民主政治的共性。所以，把某一特定条件下的民主说成是完全绝对的东西，是一成不变的永恒的东西，适用于一切，是不现实的。任何特定条件下的民主都有其产生和存在的必然性，同时也有其历史条件的局限性，有在新的历史实践中不断加以完善的必要。

如果把具体民主抽象成一般民主原则套用一切、剪裁一切，那么就不过是玩弄抽象的民主概念，把自家民主强加于别国。一些西方政治家、理论家把美式民主、西式民主说成具有“普适价值”的民主，拿着民主大棒，在全世界到处找人打。在一些西方政客看来，西方民主是世界上最好的民主，具有普适价值，是全世界的样板，他们在全世界到处推销，企图把它硬套给一些自认为不满意的国家，把“民主”当作打人的狼牙棒到处敲打与他们不同的国家。看谁不顺眼，就采取双重标准，凡是他们看来不满意的国家，就给人家扣上“专制”“独裁”“邪恶”的帽子，必欲除之而后快。而把自己任意干涉别国内政，蛮横地制裁、勒索别国，甚至武装入侵别国的暴力行为，披上输入“普适民主”的外衣。

自由、人权，也是如此。

因此，世界上只存在各种具体的、历史的自由、民主、人权等价值观，根本不存在抽象的、超历史的自由、民主、人权等“普适价值”。

当然，也不能因为自由、民主、人权等价值观的具体性、历史性、特殊性，而否定它们具有一定的共性或“普遍性”。根据辩证法的基本原理，特殊中有普遍，在任何具体的自由、民主、人权等价值观中，总是包含一定的普遍性。只不过应该清楚，这种普遍性并不是脱离特殊性、与特殊价值不相干的抽象的、纯粹的普遍性。因为普遍与特殊不是割裂的，不是毫不相干的，而是相互联系、相辅相成的。普遍就存在于特殊之中，价值的普遍性就存在于各种价值的特殊性之中，如同水果的普遍性就存在于苹果、桃、梨等的特性之中一样。自由、民主、人权等价值观中的普遍性，只存在于中国、美国、英国等的自由、民主、人权的具体价值观中。没有离开特殊性的普遍性，也没有脱离特殊价值的抽象的“普适价值”，就如同没有离开苹果、桃、梨等的“水果”一样。因此，全世界范围内的价值的“普遍性”，应该就存在于世界上不同宗教、民族、国家、地区、企业、社会共同体以及个人的具体的、特殊的价值观之中。换言之，正是在这些不同类型的、个性化的、多样化的价值观之中，不同程度地包含着一定的价值的“普遍性”因素。

正因为如此，**强调价值观的普遍性，绝不能以牺牲价值观的个性、多样性、特殊性为代价**。如果没有个性化、多样化、特殊化的价值观，价值观的普遍性就成了无源之水，无本之木。在历史与现实中，不同宗教、民族、国家、地区……乃至个人，基于不同的经济发展水平和历史文化传统，基于生存境遇和自身认识能力的差异，会产生不尽相同的利益和需要诉求，会形成各种不同的个性化的价值观。例如，中国和美国的文化传统不同，经济社会发展水平不同，利益和需要也不同，因而各自所理解的自由、民主、人权就明显不一样。这是我们很容易理解的客观事实。正是个性化、多样化、特殊化的价值观，才是发现价值观之普遍性的真实基础和出发点。

在价值观的普遍性与特殊性、多样性、历史性之间，既相互矛盾、相互对立、相互排斥，又相互依存、相互表现、相互作用，是一种辩证统一关系。不能执其一端，片面地加以简单化、绝对化、极端化。

从哲学上弄明白了这些道理，我们再回过头来冷静地审视西方倡导的“普适价值”，那么不难发现，它们并非真是什么全人类通行的“普适价值”。因为，尽管在不同宗教、民族、国家和地区的个性化、特殊化的价值观中，包括在西方价值观中，包含了一定的普遍性，但是，任何具体的历史的价值观都不能等同于“普适价值”，任何人将他们喜欢的价值观强加于人，更不可能成为“普适价值”。

六、构建社会主义核心价值观
——塑造中华民族共有精神家园

应该承认，当前中国社会价值观的基本状况是比较复杂的：既涌现出了像孔繁森（1944—1994 年）、杨善洲、郭明义（1958 年—　）等优秀的共产党员，也出现了不少唯利是图、腐败堕落的贪官污吏；既产生了一些路见不平、见义勇为的道德楷模，见利忘义、救命索要救命钱的道德败类也不时见诸媒体……至于利益纷争日益明朗化、普遍化，人与人之间的关系日益冷漠，甚至人们的不满情绪、敌对意识越来越强烈，广大民众更是深有感触。经过媒体的“炒作”，人们在日常生活中，经常看到这样的案例：有人遇险，他人避之唯恐不及；有人落难，旁观者冷漠地只做看客；相互之间稍有摩擦，有人动辄污言秽语，恶语相向；还有人一言不合立即诉诸武力，伤人性命……或许与媒体不爱炒作的“好人好事”相比，这仍然是少数“搅坏一锅汤的老鼠屎”，但曾经的“礼仪之邦”出现如此混乱不堪的状况，仍然令人感到忧心忡忡。

直面当前复杂、多样的社会价值观，确实令人产生感慨。当然，我们也不能让极端的情绪遮蔽了双眼，无视改革开放以来社会已经取得的进步，无视广大民众在默默地坚守和支撑。综合地、辩证地看，或许可以进行如下归纳：随着社会的发展，人们的责权利意识普遍觉醒，不同层次价值主体的主体地位逐步确立；传统与现代、“中”与“西”、“左”与“右”等多元价值观并存共处，强调革命、奉献、牺牲、服务的理想价值观与追求物欲满足、追求感官享受的世俗价值观相互交织；封建主义价值体系的“权本位”和资本主义价值体系的“钱本位”仍然拥有一定市场，社会主义的具有影响力、号召力和生命力的价值信念、信仰、理想正在人民群众中间逐渐地广泛确立。

在这样一幅色彩斑斓的价值观图景面前，建设中国特色社会主义这一空前伟大的事业，要求我们必须坚定共产主义价值理想，建立一套与中国特色社会主义实践相适应的科学价值观，以引领社会思潮，尊重差异，包容多样，最大限度地形成社会思想共识；同时，凝聚全国人民的目标和意志，唤起大众建设中国特色社会主义事业的热情。

——中国特色社会主义核心价值观体现了社会主义的本质，是社会主义意识形态建设的关键，是中国特色社会主义理论建设的根本。这一核心价值观包含了共产主义远大理想和中国特色社会主义共同理想，是全体中国人民的根本利益和需要的集中表达，是中国人民的理想信念追求。它告诉全世界人民中国人民希望什么、赞成什么、喜欢什么，同时又抗拒什么、反对什么、厌恶什么。它告诉全世界人民“中国要往哪里去”，是中国和中国人民的行动指南，标示着中国社会前进的方向。建设中国特色社会主义核心价值观，是中国特色社会主义理论建设的有机组成部分；同时，也是中国特色社会主义文化建设的根本，和谐社会建设的根本，精神文明建设的根本。

——建设具有中国特色的社会主义核心价值观，是我国

社会转型时期、价值观深刻变革的时代具有指导意义的价值导向。当今世界正处在价值观深刻变革的时代。随着时代的发展和社会生活的深刻变化，世界文化、文明正在面临转型，东西方之间、传统与现代之间、发达国家与发展中国家之间、社会主义与资本主义之间，不同文化和价值观之间的碰撞和冲突表现得越来越明显，文化价值观的变革、转型已经成为一种时代性、世界性的思想文化现象。我国正处于社会主义初级阶段社会主义市场经济转型时期，价值观变革、转型的广度和深度显得尤为突出，因而价值观建设的任务也就显得更加紧迫，更加突出。

——建设中国特色社会主义核心价值观，是目前世界上颇具影响力的“中国道路”的应有之义，是中华民族自立于世界的思想基石。文化价值观是一个民族的血脉，是一个民族赖以生存和发展的精神支柱。一个民族、国家的独特的价值观，是将其聚合成一个统一整体，并不断推动其向前发展的内在动力。迈入全球化时代，价值观前所未有地凸显了其重要性。世界正在依照价值观而进行定位和划分，以至于有亨廷顿（Huntington，1927—2008 年）的“文明的冲突”之说，以至于有“为价值观而战”。文化价值观上的独立与自觉，已经成为一个民族、国家自立、自强的根本性课题。如果缺乏自身独特的价值观，那么，中国特色就是不明确的，中国道路就是不确定的，“中国形象”就是模糊的。如果这样，那么对内很难获得全国人民的认同，很难凝聚全国人民的目标和意志，对外则不可能占据宣传舆论上的主动，占据道义上的制高点。

在如此复杂的环境和条件下，应该从哪些方面着手进行中国特色社会主义价值观的建设呢？十分明显，这是一个宏大的需要付出艰苦努力的社会系统工程。

——建设具有中国特色的社会主义核心价值观，需要正确的理论指导，确立先进的价值信念、信仰、理想。信念、信仰、理想是人生的“主心骨”，在人们的精神活动中居于统摄地位，是人们的价值意识活动的调节中枢。必须坚持把马克思列宁主义、毛泽东思想、中国特色社会主义理论体系，把爱国主义、集体主义、社会主义思想，作为凝聚和团结全党全国人民的坚强精神支柱和牢固的理论基础，并在这个思想理论基础上构筑共产主义远大理想和中国特色社会主义共同理想。为此，最重要的是确立共产主义信念、信仰和理想，并作为人们的最高使命和奋斗目标。对于今天的中国来说，共产主义依然是我们前进的灯塔。当然，共产主义只有在社会主义社会充分发展和高度发达的基础上才能实现，必须通过完成各个阶段的奋斗目标来实现，必须由一个一个实际步骤来达到。对于每一位共产党员来说，既要树立共产主义的远大理想，坚定信念，以高尚的思想道德要求和鞭策自己，更要脚踏实地为实现党在现阶段的基本纲领而不懈努力，树立中国特色社会主义远大理想，扎扎实实做好现阶段的每一项工作，以实事求是的科学态度坚持最高纲领，以切切实实的行动实践与最高纲领相联系的现实要求。

——必须以社会主义、爱国主义和集体主义为基础，全面落实“一切为了人民”“全心全意为人民服务”的要求。毛泽东指出：“共产党人的一切言论行动，必须以合乎最广大人民群众的最大利益，为最广大人民群众所拥护为最高标准。”[7]要把“人民拥护不拥护”“人民高兴不高兴”“人民赞成不赞成”“人民答应不答应”作为想问题、做决策、办事情的根本出发点和落脚点。只有始终站在广大人民群众的立场上，坚持一切为了人民的原则，切实做到全心全意为人民服务，为人民群众做实事、做好事，才能得到人民群众的支持和拥护，将各项事业推向前进。

——继承和发扬中华民族的优秀文化传统，借鉴世界各国的优秀文明成果。一方面，要辩证地对待中国传统文化，取其精华，去其糟粕，弘扬“天下兴亡，匹夫有责”“先天下之忧而忧，后天下之乐而乐”等以国家、民族利益为重，以集体、群体利益为先的优良传统，以及义利兼顾、勤劳节俭、艰苦奋斗、讲求诚信、追求和谐等价值取向。另一方面，要继承五四运动以来的中国共产党人领导中国人民在中国革命、建设和改革开放几个历史时期长期奋斗所形成的光荣革命传统和革命英雄主义精神，学习、扬弃世界各民族优秀价值资源，形成具有社会主义特征、中国传统伦理特色的社会主义核心价值观和价值体系。

——以创新的态度，创建与社会主义市场经济相适应、与社会主义法律规范相协调、与中华民族传统美德相承接的社会主义核心价值体系。在全球化、现代化背景下，一个民族、国家，特别是像中国这样历史悠久、拥有独特文化的社会主义大国，不可能简单照搬世界上任何一种现成的发展模式。中国特色社会主义价值观的建设是一项前无古人的开创性事业。由于它面临着全新的时代背景和复杂的实践基础，因而既不可能通过仅仅"复活"传统美德来实现，也不可能通过简单"引进"和"消化"西方价值观来实现，必须依靠广大人民群众，通过立足时代、解放思想、富于智慧的创新，才能逐步取得成功。必须解放思想，弘扬以爱国主义为核心的民族精神和以改革创新为核心的时代精神，独立自主地探索自己的发展道路。在具体的建设过程中，我们面对的一切重大问题都没有现成的答案，都必须以改革、创新的方式加以探索和解决。这就要求我国从执政党到普通民众，特别是思想理论界自立自强，意识到自己肩负的伟大责任，具有强烈的自主创新意识，在中国特色社会主义实践中，自觉形成中国特色的发展理念，提出中国特色的发展理论，确立自身的价值评价标准，在吸取古今中外文明成果的基础上，建设一套适合中国文化传统和现实国情的中国特色社会主义核心价值观的创新体系。

实际上，反映新时代要求、与中国特色社会主义实践相适应的新型价值观，已经由当代中国共产党人在社会主义革命和建设过程中逐步形成。当然，鉴于当前中国社会的复杂性和价值观的复杂现状，社会主义核心价值观的具体建设和宣传普及不可能一蹴而就，它将是一项十分艰巨的任务，必然要经历一个长期、反复、曲折的过程。它需要随着中国特色社会主义建设的深入，立足时代与国情，在总结新的实践经验的基础上，不断创造性地加以充实和完善、丰富和发展。

结　语

价值观是人们的信念、信仰、理想、道德和价值取向的综合体系，是人们的利益、需要、心理和行为的内心定向和调节系统。价值观是一定文化和文明的灵魂，是支撑人们心灵的精神力量，是社会认同的前提和基础；价值观是人们进行价值评价和选择、做出价值判断的思想根据；价值观是人们为了实现理想、目标而努力实践的精神动力。

马克思、恩格斯创立的共产主义价值观是人类历史上最先进的价值观。它的价值理想在于消灭剥削、压迫，实现全人类的彻底解放，实现人与社会的自由全面发展。共产主义价值体系是指导工人阶级革命和社会主义建设的明灯和纲领，其实现是一个历史过程。社会主义价值体系是共产主义价值体系的组成部分和前期准备。社会主义价值体系要以共产主义价值体系为指导，而共产主义价值体系又只有在社会主义价值体系基础上才能最终确立和完善。

进入全球化时代，价值观的激烈冲突和深刻变革已经成为一种时代性、世界性的思想文化现象。改革开放以来的中国正处于剧烈的社会变革时期，各种价值观相互交织，相互影响，形成了一幅多元并存、互相竞争的价值观图景，因而价值观的转型更为剧烈，给人们的影响和冲击也更为强烈。在承认和尊重多样化价值观的前提下，坚持共产主义价值理想，建设与中国特色社会主义实践相适应的、以马克思主义科学理论为指导的、以社会主义道德为基本特征的、以爱国主义、集体主义和为人民服务为主要内容的社会主义核心价值观，是我们肩负的光荣的历史使命和艰巨任务。

注　释

1 《马克思恩格斯全集》第 3 卷，人民出版社 2002 年版，第 517 页。

2 《马克思恩格斯文集》第 2 卷，人民出版社 2009 年版，第 34 页。

3 《列宁专题文集　论马克思主义》，人民出版社 2009 年版，第 296 页。

4 《马克思恩格斯文集》第 2 卷，人民出版社 2009 年版，第 53 页。

5 《江泽民文选》第三卷，人民出版社 2006 年版，第 540 页。

6 《韩非子·用人》。奚仲是古代善于造车者，王尔是古代巧匠。

7 《毛泽东选集》第三卷，人民出版社 1991 年版，第 1096 页。

附　录

《新大众哲学》总目录

学好哲学　终生受用

——总论篇

反对主观唯心主义

——唯物论篇

照辩证法办事
——辩证法篇

人类思想史上的新历史观

——历史观篇

人的精神家园
——价值论篇

荡起幸福人生的双桨

——人生观篇

后记

2010年7月4日，中国社会科学院院长王伟光教授（时任常务副院长）主持召开了《新大众哲学》编写工作第一次会议，传达了中共中央宣传部关于编写《新大众哲学》课题立项的决定，正式启动了这一重大科研任务。在启动会议上，成立了依托中国辩证唯物主义研究会、以中国社会科学院与中共中央党校的专家学者为主的编写组，由王伟光教授任主编，李景源、庞元正、李晓兵、孙伟平、毛卫平、冯鹏志、郝永平、杨信礼、辛鸣、周业兵、王磊、陈界亭、曾祥富等为编写组成员。

从2010年7月初到8月底，编写组成员认真走访了资深专家学者。对京内专家，采取登门拜访的形式；对京外学者，则采取函询的方式。韩树英、邢贲思、杨春贵、汝信、赵凤岐、黄楠森、袁贵仁、陶德麟、侯树栋、许志功、陈先达、陈晏清、张绪文、宋惠昌、沈冲、卢俊忠、卢国英、王丹一、赵光武、赵家祥等充分肯定了编写《新大众哲学》的重要意义，提出了有价值的建议（其中一部分书面建议已经安排在《马克思主义哲学论丛》上分期刊发了）。编写组专门召开会议，对各位专家提出的意见和建议进行了充分讨论，认真吸取各位专家的建言。

编写组认真提炼和归纳了马克思主义哲学关注并需要回答的 300 个当代重大理论与现实问题。从 2010 年 7 月 31 日到 11 月底，编写组对这些问题进行了反复研讨和精心梳理。经过充分讨论，编写组把《新大众哲学》归纳为总论、唯物论、辩证法、认识论、历史观、价值论和人生观七个分篇，拟定了研究写作提纲，制订了统一规范的写作体例。

《新大众哲学》编写组成员领到写作任务后，自主安排学习、研究与写作。全组隔周安排一次研讨会，对提交的文稿逐一进行研究讨论。在王伟光教授的带动下，这种日常性的集中讨论在三年多的时间里一直得到了严格坚持，从 2010 年 7 月启动到 2013 年 10 月已持续了 80 次，每次都形成了会议纪要。写出初稿后，还安排了 3 次集中讨论，每次集中 3 天时间。这些内容都体现在《新大众哲学》的副产品《梅花香自苦寒来——新大众哲学编写资料集》中。

主编王伟光教授在公务相当繁忙的情况下，一直亲自主持双周讨论会，即使国外出访或国内出差也想办法补上。他在白天事务缠身的情况下，经常在夜间加班，或从晚上工作到凌晨2点，或从清晨4点开始工作。他亲自针对问题拟定了写作提纲，审改了每份初稿，甚至对相当多的稿件重新写作，保证了书稿的质量与风格。可以说，在编写《新大众哲学》的过程中，他投入了最多的精力，奉献了最多的智慧。

经过三年多的努力，大部分稿件已基本成稿。为统一写作风格并达到目标要求，王伟光教授主持了五次集中修订书稿。每一次修改文稿，每稿至少改三遍，多则十遍。第一次带领孙伟平和辛鸣，于2013年5月对所有书稿进行统稿，相当多的书稿几乎改写或重写。在这个基础上，他于同年7—10月重新修订全部书稿，改写、重写了相当多的书稿，做了第二次集中修订。2013年11月，王伟光教授将全部书稿打印成册，送请国内若干资深专家学者再次征求意见。韩树英、邢贲思、杨春贵、赵凤岐、陶德麟、侯树栋、许志功、陈先达、陈晏清、张绪文、宋惠昌、赵家祥、郭湛、丰子义等认真阅读了书稿，提出了中肯的修改意见。在这期间，王伟光教授对书稿进行了第三次集中审阅、改写和重写。2013年12月上旬，其对书稿进行了第四次集中审阅和改写。2014年1月5日，根据专家意见，编写组成员进行了一次，即第81次集中讨论。2014年1—3月分别作了初步修改。在此基础上，王伟光教授于2014年3—6月进行了第五次集中修改定稿，对每部书稿做了多遍修改，甚至重写。孙伟平也同时阅改了全书，辛鸣、冯鹏志阅改了部分书稿。于2014年6月8日，书稿交由人民出版社和中国社会科学出版社出版。同年7月，王伟光教授和孙伟平同志根据编辑建议修订了全部书稿，8月审改了书稿清样。

在《新大众哲学》即将面世之际，往事历历在目。在这四年左右的时间里，编写组成员牺牲了节假日和平常休息时间，花费了大量的精力和心血。出于对马克思主义哲学的忠诚、信念和追求，老中青学者达成了共识，并紧密凝聚在一起，不辞劳苦，甘于奉献。资深专家的精心指导和严格把关，是《新大众哲学》提升质量的重要条件。《新大众哲学》在写作过程中，参考了《大众哲学》《马克思主义哲学纲要》《通俗哲学》等著述。黑龙江佳木斯市市委书记王兆力、北京观音阁文物有限公司董事长魏金亭、大有数字资源公司董事长张长江、北京国开园中医药技术开发服务中心董事长高武等，提供了便利的会议场地和基本的物质条件，这是《新大众哲学》如期完成的可靠保障。人民出版社和中国社会科学出版社对此书出版高度重视，编辑人员展现了一流的编辑水平和敬业精神。我们一并表示诚挚的感谢！

xin dazhong zhexue

新大众哲学 · 6 · 价值论篇

人的精神家园

王伟光　主编

人民出版社

中国社会科学出版社